ELSASS

Maison au Pélerin

HUBRECHT DUIJKER

ELSASS

Durch Rebberge und Weindörfer

HUGH JOHNSONS WEINREISEN

Hallwag Verlag Bern und Stuttgart

Inhalt

Die englische Originalausgabe ist unter dem Titel «Touring in Wine Country Alsace» im Verlag Mitchell Beazley (Teil der Verlagsgruppe Reed Consumer Books Limited), London, erschienen.

Text adapted in part from «Alsace – A Wine Lover's Touring Guide» by Hubrecht Duijker
First published 1993 by Uitgeverij Het Spectrum BV

Übersetzung: Susanne Vogel und Peter Gillhofer, München
Redaktion und Lektorat der deutschen Ausgabe: Werkstatt Gillhofer, München
Ortsverzeichnis: Sally Chorley
Index: Angie Hipkin
Satz: Heri Bettinger und Attila Sirman, Werkstatt Gillhofer
Schutzumschlag: Robert Buchmüller
Produced by Mandarin Offset
Printed in Hong Kong

3., durchgesehene und korrigierte Auflage, 1997

ISBN 3-444-10460-X

Hallwag

VINS D'ALSA

Vorwort

Woher kommt es, daß der Wein, wenn man ihn im Keller seiner Entstehung (oder auch nur in seiner Herkunftsregion) probiert, einen Zauber, eine Verve und eine Kraft ausstrahlt, die man nicht mehr vergißt?

Man könnte rationale Gründe dafür anführen: der lange Transport, bis er schließlich im Supermarktregal landet, bleibt sicher nicht ohne Wirkung auf ein lebendiges Geschöpf – und Wein lebt ja tatsächlich, dementsprechend empfindlich ist er auch.

Naheliegender aber sind emotionale Gründe: die Assoziationen, die Atmosphäre und die Gerüche im Keller, die Begeisterung des Winzers, der zwischen den Fässern hin und her huscht...

Kein Wunder, daß Weinreisen für viele die bevorzugte Urlaubsform darstellen. Sie sind zweifellos die beste Möglichkeit, um einen Wein besser verstehen zu können. Sei es, um seine Landschaft und seinen Anbau kennenzulernen, oder tiefer in die Geheimnisse seines *terroir* und in die verschiedenen Philosophien seiner Erzeuger einzudringen.

Es gibt weintheoretische Werke, illustrierte Weinbücher, Weinwälzer zum raschen Nachschlagen, ja sogar önologische Pop-up-Bücher. Mit dieser Reihe aber geben wir dem Weintouristen einen exakten, detaillierten und zweckmäßigen Führer an die Hand, mit dem er durch die ergiebigsten Regionen streifen kann, um seinen Lieblingstropfen zu finden und Erinnerungsstücke zu sammeln. Die Flaschen, die Sie selbst entdecken, sind ein Stück Ihres ureigenen Erfahrungsschatzes.

Hugh Johnson

Einführung

Das Elsaß stellt aus verschiedenen Gründen einen Schnittpunkt in Europa dar. Eingebettet zwischen den Vogesen, jenseits derer sich nach Westen zu das restliche Frankreich erstreckt, und dem Rhein mit dem östlich angrenzenden Deutschland, ist es jedenfalls auch eines der attraktivsten Weinbaugebiete Frankreichs. Mit den Wäldern und Seen der Vogesen, die in die Oberrheinische Tiefebene übergehen, besitzt es einen ganz eigenen Charakter.

Der Rhein bildet die politische Grenze zu Deutschland und war jahrhundertelang der Zankapfel im Gerangel dieser beiden Länder um die Region. Ob die noch immer weit verbreitete Mundart, das Elsässische, oder auch die herzhafte Küche und nicht zuletzt die Reben für die hiesigen Weine – alles entstand unter dem Einfluß dieser Auseinandersetzungen. Und vor diesen zwei Mächten gab es andere, die Anspruch auf das Elsaß erhoben und es in Besitz nahmen. Alle haben in der Kultur, in den Traditionen, in der Architektur und Geschichte der Region ihre Spuren hinterlassen, die den heutigen Besucher des Elsaß so sehr faszinieren.

Klosterruinen und Königsburgen aus dem 11. und 12. Jahrhundert zeugen von einstiger kirchlicher Machtentfaltung und fürstlichen Fehden im Elsaß. Noch heute veranstalten die Elsässer jedes Jahr folkloristische Feste, deren Ursprünge bis ins Mittelalter zurückreichen. Nach dem Dreißigjährigen Krieg zog es viele Schweizer ins Elsaß. Ihr Einfluß ist noch heute in der Nationaltracht, die die Elsässer bei traditionellen Veranstaltungen mit Stolz tragen, und in dem Nebeneinander protestantischer und katholischer Kirchen in den Ortschaften zu erkennen.

Heute sind es nur noch Touristen, die ins Elsaß einfallen, und wenn sie eine intakte Landschaft, gutes Essen und feine Weine zu schätzen wissen, sind sie gern gesehen.

Links: *Fachwerkhäuser in Colmar, einer idealen Ausgangsbasis für Reisen durch das Haut-Rhin.*

Oben: *Wappenschildähnliche Fahnen in Straßburg, dem kosmopolitischen Herzen des Elsaß.*

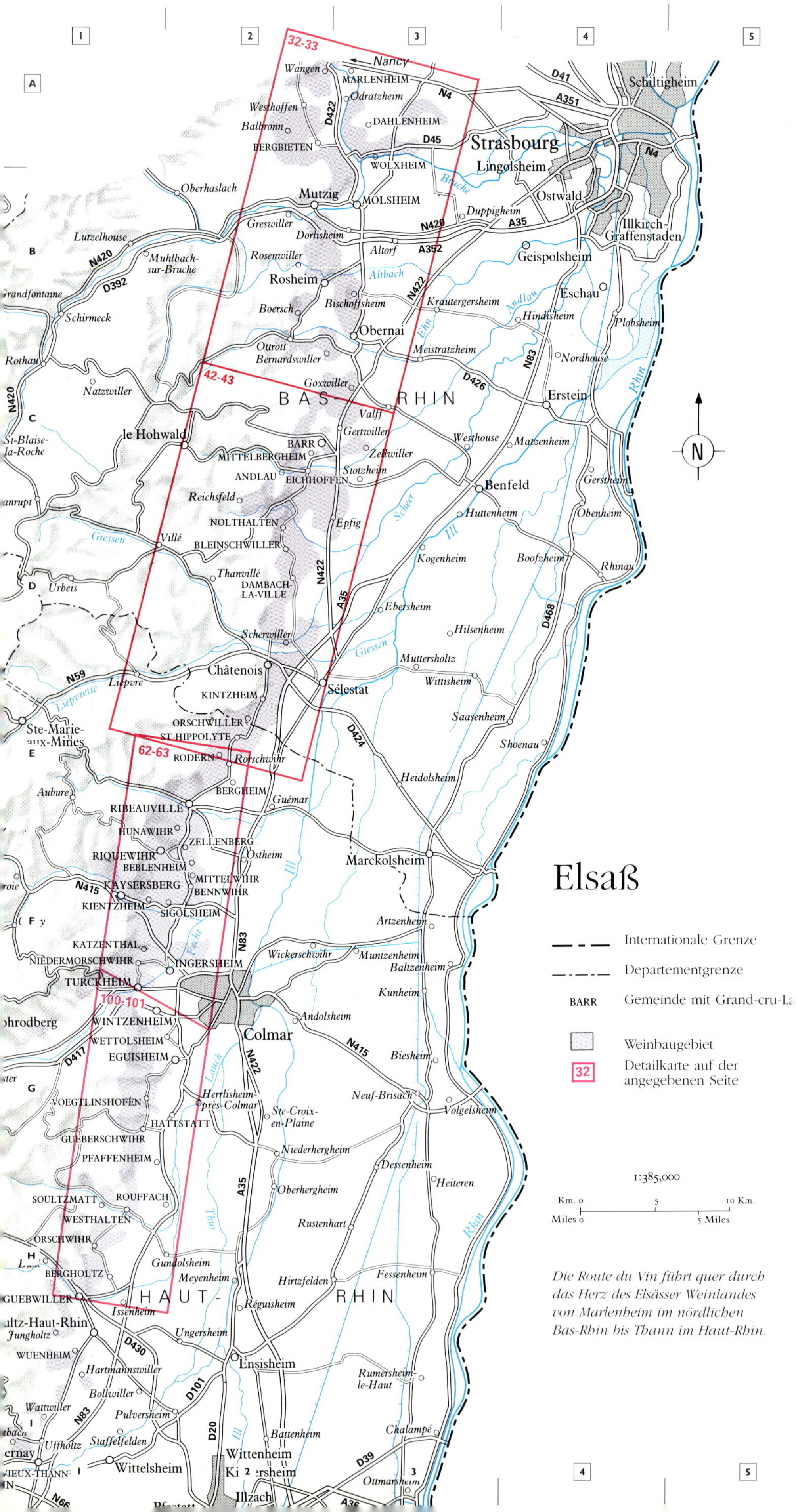

Die Route du Vin führt quer durch das Herz des Elsässer Weinlandes von Marlenheim im nördlichen Bas-Rhin bis Thann im Haut-Rhin.

Oben: *Colmarer Häuser im Glanz der Sonne.*

Unten: *Weinberge umgeben die Ortschaft Hunawihr.*

Die Vogesen bilden auch die Wetterscheide, der die Region ihre trockenen Sommermonate und langen, heißen Herbste – ideale Bedingungen für den Weinbau – verdankt. Colmar hat wahrscheinlich, trotz seiner nördlichen Lage, nach Perpignan die geringsten Niederschlagswerte in Frankreich zu verzeichnen. Die ersten Rebstöcke wurden von den römischen Besatzern gepflanzt. Wie fast überall in Europa, wurde die Weinbereitung im 7. und 8. Jahrhundert dann eine Domäne der Klöster. Im 14. Jahrhundert gab es einige Hundert Abteien mit Weinbergbesitz.

Mit dem kirchlichen Monopol war es im darauffolgenden Jahrhundert vorbei. Inzwischen zählte das Elsaß über 400 Winzerstädtchen. Colmar war Hauptstadt und Herz der Weinregion geworden. Über die Ill wurde der Wein zum Rhein und via Straßburg weiter nach ganz Europa verschifft. Er war für seine Qualität berühmt und verhalf den Elsässern zu großem Reichtum.

Mit dem Ausbruch neuer Kriege und den politischen Zersplitterungen im 17. Jahrhundert erlebte die Branche einen unaufhaltsamen Niedergang, von dem sie sich erst 1970 so richtig erholte. Doch das Elsaß überlebte. In seinem warmen Klima gedeihen auf den fruchtbaren Böden nicht nur die Reben. Die Wälder und Obstgärten liefern wilde Beeren und andere Früchte, aus denen hervorragende *eaux-de-vie* – Obstwässer – gemacht werden. Nach der Stadt Munster ist eine köstliche, pikant-aromatische Käsespezialität benannt, und Gertwiller ist das unumstrittene Zentrum der Pfefferkuchenherstellung.

Colmar und Straßburg weisen zahlreiche gute Buchhandlungen und Museen auf. Im Norden des Bas-Rhin findet man Geschäfte mit den Erzeugnissen der einheimischen Töpferkunst und wunderschöner handgearbeiteter Leinen-

tischwäsche. In der Vorweihnachtszeit herrscht ein lebhaftes Treiben in den Gassen von Straßburg, aber auch in den kleinen Weinorten, in denen regionales Kunsthandwerk und herrlich duftende Leckereien angeboten werden.

Entlang der Route du Vin strahlen alle Ortschaften eine sehr heitere, herzliche Atmosphäre aus. Bis heute haben sie sich ihren romantischen, beinahe märchenhaften Charme erhalten. Die alten Fachwerkhäuser sind in den traditionellen Gelb-, Blau- und Rottönen bemalt, und im Sommer entfalten die Geranien in den Straßen eine überwältigende Blütenpracht. In vielen der Weinorte sieht man schmale Gassen mit Kopfsteinpflaster, Zisternen, Springbrunnen und Kirchen aus der Zeit der Renaissance und Gotik.

Die Route du Vin zieht sich zwischen den Ortschaften hindurch, bis sie einen Kamm erreicht, hinter dem die Weinberge wie ein schimmerndes grünes Meer die Berge hinaufwogen. Darüber breiten sich Wälder aus, unterbrochen von saftigen Wiesen. Unterhalb davon erstrecken sich die Obstgärten und die weizenbestandenen Rheinebenen.

Fährt man weiter nach Süden, ändert sich die Landschaft allmählich. Radfahrern bietet die nördliche Hälfte des Bas-Rhin ein ideales Terrain. Im nördlichen Haut-Rhin bilden die Berge mit ihren grauen, zerklüfteten Granitgipfeln und steilen Abhängen, auf denen sich Burgruinen an den nackten

Links und oben: *Die Route de Vin bietet einen landschaftlichen Querschnitt durch das Elsaß, nicht nur die Weinberge, die jeden Ort umgeben.*

Ganz oben links: *Der Besucher lernt auch die urbanen Attraktionen kennen, wie hier den verzierten Brunnen in Riquewihr.*

Ganz oben rechts: *Die Schönheit des Elsaß findet auch Ausdruck in den traditionellen Festen der Bevölkerung.*

Fels klammern, eine dramatische Kulisse. Im Süden der Region wird die Landschaft dann lieblich. Die Wälder und Wiesen haben Obstgärten Platz gemacht, und schließlich gehen die Hügel in die Ebene über.

Die Route du Vin verläuft von Norden nach Süden. Sie beginnt unterhalb Straßburgs und endet nördlich von Mulhouse. Die Weindörfer kann man sukzessive auf einer hoch oben beginnenden Route erkunden, um dann in einem ihrer zahlreichen Hotels oder auch in den *chambres d'hôtes* zu nächtigen, die viele Weinerzeuger zur Verfügung stellen.

Ob Sie nur einige Tage im Elsaß verbringen oder eine ganze Woche die Orte und Weinberge der Region durchwandern möchten, Sie werden bestimmt zu jeder Zeit herzlich aufgenommen. Die Winzer der Region sind außerordentlich stolz auf ihre Weine und ihr Erbe und lassen Sie an ihrer Begeisterung nur zu gern teilhaben.

Die meisten Erzeuger besitzen in den Orten Weinkeller mit Verkostungsmöglichkeit, und viele bieten Führungen an. Gewöhnlich steht auf dem zentralen Platz des Ortes eine Anschlagtafel mit den Adressen der lokalen Erzeuger. Hunderte von Winzern vertreiben ihre Produkte im Direktverkauf, und auch die Genossenschaften und Händler verkaufen den Wein «am Tor». Der kleinere *négociant* erzielt damit einen beträchtlichen Anteil seines Jahresumsatzes.

Die Elsässer genießen die Freuden des Lebens. Folgen Sie ihrem Beispiel und entdecken Sie all das, was die Route du Vin zu bieten hat.

Die Grands crus

Hier sind die 50 Grand-cru-Lagen und die Gemeinden, zu denen sie gehören, aufgeführt. Viele von ihnen sind zwischen mehreren Orten aufgeteilt.

Altenberg de Bergbieten – Bergbieten
Altenberg de Bergheim – Bergheim
Altenberg de Wolxheim – Wolxheim
Brand – Turckheim
Bruderthal – Molsheim
Eichberg – Eguisheim
Engelberg – Dahlenheim, Scharrachbergheim
Florimont – Ingersheim, Katzenthal
Frankstein – Dambach-la-Villé
Froehn – Zellenberg
Furstentum – Kientzheim, Sigolsheim
Geisberg – Ribeauvillé
Gloeckelberg – Rodern, St-Hippolyte
Goldert – Gueberschwihr
Hatschbourg – Hattstatt, Voegtlinshofen
Hengst – Wintzenheim
Kanzlerberg – Bergheim
Kastelberg – Andlau
Kessler – Guebwiller
Kirchberg de Barr – Barr
Kirchberg de Ribeauvillé – Ribeauvillé
Kitterlé – Guebwiller
Mambourg – Sigolsheim

Weinbau und Weine

Die Weinberge des Elsaß gehören zu den malerischsten Frankreichs. Als schmales Band ziehen sie sich in einer Höhe von 183 bis 366 Metern zwischen den Ausläufern der Vogesen von Straßburg im Bas-Rhin gen Süden bis nach Thann im Haut-Rhin.

Die Vogesen sind das eigentliche Erfolgsgeheimnis der elsässischen Weine. Sie halten die vorherrschend westlichen Winde und Regenwolken ab und stellen die für den Weinbau so idealen, nach Osten bis Süden gewandten, geschützten Abhänge. Während die Niederschlagsmenge im Gebirge über 2000 mm liegt, beträgt sie im regionalen Durchschnitt nur 480 mm. Im Sommer erfreut sich die Region, insbesondere um Colmar im Haut-Rhin, langer Sonnenperioden. Die Weine aus dem Haut-Rhin fallen in der Regel reicher aus als die des nördlichen Departements, wo die Berge etwas niedriger sind und daher weniger Schutz gewähren.

Das Elsaß kann 14000 Hektar Weinbauflächen und etwa 7300 Erzeuger vorweisen. Die Mehrzahl der Winzer besitzt weniger als zehn Hektar und schließt Verträge mit größeren Produzenten, *négociants* und *caves coopératives*, die ihre Trauben verarbeiten und die Weine vermarkten. (Eine für alle elsässischen Weine bindende Regel schreibt vor, daß sie in der Region abgefüllt sein müssen.)

Auf das Konto unabhängiger Erzeuger – mit eigenen Weinbergen, eigener Herstellung und selbständigem Vertrieb – geht über ein Viertel der Gesamtproduktion der Region. Darunter sind berühmte Produzenten wie Kuehn, Humbrecht, Dopff und Willm. Viele Winzer besitzen nicht nur in ihrem Heimatort Rebflächen, sondern ebenso in Nachbargemeinden, und kaufen darüber hinaus Trauben von Vertragspartnern an anderen Orten. Gleiches gilt für die Genossenschaften. Im Haut-Rhin etwa gehören Erzeugern wie Trimbach, Zind-Humbrecht und Hugel Parzellen in mehreren Gemeinden, vorzugsweise in den Grand-cru-Lagen.

Wie die Küche des Elsaß haben auch seine Weine einen unverwechselbaren Charakter. Die Traubensorten sind zumeist deutsch, die Art ihrer Verarbeitung aber ist französisch. Sie ergibt trockene, ausgewogene, feste und aromatische Tropfen mit jener Säure und Struktur, die die kräftigen und würzigen regionalen Spezialitäten so perfekt ergänzen.

Mandelberg – Mittelwihr
Marckrain – Bennwihr, Sigolsheim
Moenchberg – Andlau, Eichhoffen
Muenchberg – Nothalten
Ollwiller – Wuenheim
Osterberg – Ribeauvillé
Pfersigberg – Eguisheim, Wettolsheim
Pfingstberg – Orschwihr
Praelatenberg – Kintzheim, Orschwiller
Rangen – Thann
Rosacker – Hunawihr
Saering – Guebwiller
Schlossberg – Kaysersberg, Kientzheim
Schoenenbourg – Riquewihr, Zellenberg
Sommerberg – Niedermorschwihr, Katzenthal
Sonnenglanz – Beblenheim
Spiegel – Guebwiller, Bergholtz
Sporen – Riquewihr
Steinert – Pfaffenheim, Westhalten
Steingrubler – Wettolsheim
Steinklotz – Marlenheim
Vorbourg – Rouffach, Westhalten
Wiebelsberg – Andlau
Wineck-Schlossberg – Katzenthal, Ammerschwihr
Winzenberg – Blienschwiller
Zinnkoepflé – Soultzmatt, Westhalten
Zotzenberg – Mittelbergheim

In der Mehrzahl handelt es sich um Weißweine; die einzige hier angebaute rote Rebsorte ist Pinot noir. Marktbeherrschend sind die sogenannten reinsortigen Weine, die nur eine einzige Rebsorte enthalten und entsprechend gekennzeichnet werden. Man unterscheidet Edeltrauben und gewöhnliche Rebsorten. Die vier «edlen» weißen Sorten sind Gewürztraminer, Muskat, Riesling und Tokay-Pinot gris, unter die zweite Kategorie fallen Chasselas, Pinot blanc und Sylvaner.

Allen elsässischen Weinen gemeinsam ist die Art der Weinbereitung. Die langen, heißen Sommertage schlagen sich in einem hohen Zuckergehalt nieder, den man bis zum letzten Gramm vergären läßt, wodurch frische, duftige Weine von intensivem Geschmack entstehen. Die Winzer sind beinahe fanatische Verfechter von Naturreinheit, was sie aber nicht daran hindert, den Most, wie in Frankreich üblich, zu chaptalisieren, das heißt, mit Zucker anzureichern. Traditionalisten lassen ihre Weine nach dem Vergären möglichst ohne Abstich und Filtern in Holzfässern ruhen und sind beim Abfüllen darauf bedacht, sie vor Lufteinwirkung zu schützen. Mit diesen Maßnahmen erzielen sie eine bemerkenswerte Ausgewogenheit von Kraft und Frische, Frucht und Säure, die Attribute feiner elsässischer Weine.

In Jahren, in denen auf einen guten Sommer ein außergewöhnlich schöner Herbst folgt, belassen die Weinbauern bei der Hauptlese ausgewählte Trauben zur weiteren Reifung an den Reben. Diese spätgelesenen Trauben liefern aufgrund ihres höheren Zuckergehalts volle, kräftige Weine

Oben: *Weinberg in Dambach-la-Ville. Kaum ein Weinberg im Elsaß ist größer als 10 ha.*

Rechts: *Tor zum Caveau à la Grappe. Bei den meisten Erzeugern kann man den Wein probieren, entweder in den örtlichen Kellern oder beim Winzer selbst.*

mit einem Hauch Süße, zugleich aber jenem unverwechselbaren sauberen, frischen Charakter. Sie werden als *vendange tardive* (Spätlese) deklariert. Sehr viel seltener, exotischer und eleganter sind die *sélections de grains nobles*, für die überreife Beeren einzeln gelesen werden. In manchen Jahren erhalten sie durch Botrytis, die Edelfäule, zusätzlich eine intensive honigartige Note. Wie Sauternes-Weine sind auch diese Tropfen süß und intensiv.

Das Elsaß kann sich zugleich einer Rarität rühmen, die aus der Savagnin rosé/Klevener-Traube erzeugt wird: der Klevener de Heiligenstein. Diese nur in und um Heiligenstein angebaute rote Rebsorte ergibt Weine mit charakteristischem Aroma und frischem Abgang.

Am anderen Ende der Skala steht der Edelzwicker, ein Verschnitt und beliebter Alltagswein, der häufig in Liter-

flaschen verkauft wird. Fast immer handelt es sich um eine Mischung aus Chasselas, Pinot blanc und Sylvaner.

Dank der Pionierarbeit des Erzeugers Dopff au Moulin hat das Elsaß heute einen eigenen Schaumwein zu bieten, der nach der traditionellen *méthode champenoise* hergestellt wird und die Bezeichnung Crémant d'Alsace trägt. Sein Hauptbestandteil ist Pinot blanc, wobei andere Traubensorten als Basis dienen können. Es gibt auch Crémants ausschließlich aus Riesling und sogar aus Chardonnay (der im Elsaß nur zu Schaumwein verarbeitet werden darf) sowie einen Roséschaumwein, dessen zarte Färbung von Pinot noir herrührt.

Die absoluten Spitzengewächse sind die Grands crus. Diese Réserve-Appellation wurde 1983 lediglich 25 Lagen zuerkannt, 1993 kamen dann weitere 25 hinzu. Nur Weine aus den vier weißen Edeltrauben, die von diesen speziellen

Oben: *Elsässische Weine werden auf allen Herstellungsstufen oftmals probiert, um die bestmögliche Qualität zu garantieren.*

Rechts: *Die Qualitätsauslese beginnt schon im Weinberg, wo die verschiedenen Rebsorten sorgfältig gepflegt und geerntet werden.*

Lagen stammen, dürfen auf dem Etikett als «Grand cru» deklariert werden. Die Erträge sind auf 70 Hektoliter pro Hektar limitiert (demgegenüber gilt für die normalen elsässischen AC-Weine eine Ertragsgrenze von 100 Hektolitern). Durch stärkeres Ausreifen der Beeren wird ein erhöhter Mindestalkoholgehalt erzielt.

Das *terroir* spielt dort eine entscheidende Rolle, wo das Zusammenspiel von Rebsorte, Boden und Klima gezielt zur Erzeugung herausragender Qualitätsweine genutzt wird. So ist die sandige Grand-cru-Lage Kitterlé in Guebwiller für ihre vollen, saftigen Rieslinge, Tokay-Pinot gris und Gewürztraminer bekannt. Daneben gibt es die *clos* oder *lieux-dits*, die kleineren Lagen. Der im Besitz von Zind-Humbrecht befindliche Clos Saint-Urbain auf dem Grand cru Rangen in Thann etwa ist für seinen Riesling berühmt. Auf dem vulkanischen Boden bringt er einen Wein von beachtlicher Reife und Finesse hervor.

Allerdings birgt die neue Appellation auch ihre Probleme. Der Sylvaner ist zwar keine Edeltraube, liefert aber in manchen Grand-cru-Lagen hervorragende Resultate. Der Weinbauer hat das Nachsehen: Weder kann er den Sylvaner als Grand cru deklarieren noch vom Grand-cru-Status profitieren. Und wenn er den Sylvaner in seinem Weinberg durch Edeltrauben ersetzt, verliert er einen fabelhaften Wein. Einstweilen begegnen einige Winzer diesem Dilemma, indem sie ihren Wein zum Beispiel als Sylvaner «F» oder Chasselas «F» in den Handel bringen (das «F» steht in diesem Fall für die Grand-cru-Lage Froehn).

Viele Erzeuger aber sind mit dem Konzept des Grand cru und, mehr noch, des *clos* – des kleinen, abgegrenzten Areals innerhalb einer Grand-cru-Lage – einverstanden. Andere verarbeiten ihre besten Trauben zu gleichermaßen feinen Auslesen, sogenannten Cuvées. Sie kommen als «Cuvée Exceptionelle», «Réserve» oder «Cuvée Particulière» in den Handel. An diesen Bezeichnungen erkennt man Weine aus ausgewählten Trauben von bestimmten Lagen.

REBSORTEN

Riesling

Die Elsässer Winzer halten diesen Wein mit seinem unverkennbaren trockenen Stil und der eleganten Struktur für ihre feinste Rebsorte, ihren wahren *grand vin*. Zugleich ist er mit einem Anteil von etwa 20 Prozent an der Gesamtrebfläche die meistangebaute Sorte der Region. Der Riesling reift spät und braucht viel Sonne. Dank des geschützten Klimas und der langen, sonnigen Herbste gedeiht er hier äußerst erfolgreich. Auch die Bodenart spielt dabei eine wichtige Rolle. Die Gewächse leichter Böden können jung getrunken werden; sie sind von charakteristischer frischer und aromatischer Art mit blumiger oder pfirsichartiger Fruchtigkeit. Rieslinge, die auf Kalksteinböden herangereift sind, müssen häufig einige Jahre in der Flasche altern. In der

Jugend fest, mineralisch und spröd, dafür aber ausgestattet mit einer natürlich hohen Säure, lassen sich diese Weine wunderbar lagern und entwickeln dabei jenen Duft nach Benzin, der den klassischen, alten Rieslingen eigen ist.

Gewürztraminer

Einmal gekostet, bleibt er unvergeßlich! Der volle, verführerische Wein besitzt ein feurig-würziges Aroma, wie es sein Name schon verheißt. Manchmal duftet er auch berauschend nach Lychees oder Rosenblüten. Dieser kräftigen Blume stehen eine gute Säure und Trockenheit sowie eine bemerkenswerte Alterungsfähigkeit gegenüber. Der körperreiche Gewürztraminer ist der ideale Begleiter für die kräftige elsässische Küche. Seine klassische Ergänzung ist der ebenfalls hier hergestellte pikante Munsterkäse.

Muskat

Diese Rebsorte ist berühmt als Lieferant herrlich süßer Weine. Das Elsaß aber ist eine der wenigen Regionen der Welt, die delikaten, aromatischen und trockenen Muskat erzeugen, bei dem der bekannte ausgeprägte Moschusduft und der Geschmack frisch gelesener Trauben bewahrt bleiben. Die Einheimischen schätzen ihren Muskat vor allem als Aperitif, genausogut aber paßt er zu leichteren Speisen. Dabei unterscheidet man den Muscat à petits grains und den Muscat-Ottonel, eine Sorte, die wegen ihrer geringeren Anfälligkeit für Fäulnis und Schimmel eingeführt wurde.

Tokay-Pinot gris

Der am wenigsten aromatische Wein der Region zeigt sich im Elsaß von seiner besten Seite: Er ergibt volle, körperreiche Tropfen von guter Struktur und mit rauchigen Anklängen, mitunter auch einem Hauch von Honig und Nüssen. Um Verwechslungen mit dem ungarischen Tokajer zu vermeiden, wurde sein Name vor 15 Jahren aufgrund eines EG-Entscheids in den heutigen umgeändert. Die Einheimischen aber nennen ihn nach wie vor Tokay d'Alsace. Der Tokay-Pinot gris gilt als der feinste Wein zu *pâté de foie gras* (Gänseleberpastete), einer elsässischen Spezialität.

Pinot noir

Die einzige rote Rebsorte, die im Elsaß angebaut wird, ist der Pinot noir. Bis noch vor etwa zehn Jahren wurde er ausschließlich zu Rosé, ob Still- oder Schaumwein, verarbeitet. Dann aber reagierten die Erzeuger auf den Ruf nach einem hochwertigen regionalen Rotwein. So entstanden leichte, rubinrote Weine mit zarter Erdbeerfruchtigkeit, die immer häufiger in kleinen Eichenholzfässern ausgebaut werden.

Sylvaner

Eine Klasse über den «gewöhnlichen» Weinen der Region rangiert der Sylvaner. Leicht und manchmal angenehm herb, ergibt er in der Regel einen gut trinkbaren Weißwein ohne besondere Tiefe oder Persönlichkeit. Auf kalkreichem Boden aber, wie er auf dem Zotzenberg in Mittelbergheim anzutreffen ist, reifen überraschend köstliche, leichte und würzigfruchtige Sylvaner heran.

Oben: *Weine aus dem bekannten Gut Trimbach in Ribeauvillé.*

Links: *Tokay-Pinot gris, eine wenig aromatische Elsässer Traube.*

Ganz oben: *Der pikant-aromatische Gewürztraminer.*

Oben: *Riesling, wohl die beste unter den Elsässer Reben.*

Pinot blanc

Im Elsaß kommen zwei Varianten dieser Rebsorte vor: der angenehm beißende Pinot blanc und der frostresistente, weichere Pinot Auxerrois. Oft werden beide gemischt, doch gibt es auch reinsortige Exemplare. Kompliziert wird das Ganze dadurch, daß der Auxerrois manchmal auch als Klevner oder Clevner bezeichnet wird. Geschmeidig und frisch, dazu recht leicht und aromatisch, ist der Pinot blanc als Aperitif äußerst beliebt. Oft dient er auch als Basiswein für den schäumenden Crémant d'Alsace.

Chasselas

Bis in die siebziger Jahre nahm der Chasselas ein Fünftel der Rebflächen ein, seither aber ist sein Anteil beträchtlich zurückgegangen. Die ertragreiche Rebsorte verschwindet zum Großteil anonym in der Edelzwickerproduktion. Dennoch kann man gute Exemplare finden: Jung getrunken, sind sie, besonders in Sommern nach einem guten Jahrgang, erfrischende, angenehme Alltagsweine.

Die Küche

Die Elsässer genießen die schönen Seiten des Lebens. Man ißt gern gut und reichlich – und kann aus einer großen Speisekarte auswählen. Aus dem Besten, was die herzhafte deutsche Küche zu bieten hat, und der Eleganz der französischen *cuisine* haben die Elsässer einen eigenständigen, üppigen und vielseitigen Kochstil entwickelt. Die deftigen, würzigen Zubereitungen passen perfekt zu den festen, trockenen und duftigen Tropfen der Region.

Eingerahmt von malerischen Fachwerkhäusern, locken zahllose Delikatessengeschäfte in den elsässischen Städtchen mit ihren verlockenden Auslagen. Hinter den Kulissen sind Heerscharen von Köchen damit beschäftigt, *foie gras, jambon persillé*, sündhaft gutes Gebäck, Konfitüren und Brote zuzubereiten, denen keiner widerstehen kann.

Im Herbst bieten die Geschäfte und Marktstände Pilze in Hülle und Fülle; im Frühjahr gibt es frischen Spargel. Reich ist auch das Angebot an Fischen – Aal, Hecht und Barsch – aus den Flüssen und Seen der Vogesen. In den fruchtbaren Uferzonen des Rheins wachsen Getreide und Gemüse. Im Gebirge werden Wildbeeren gesammelt, in den Obstgärten gedeihen alle erdenklichen Früchte, und Wild, auch Wildschwein, wird in den Vogesen gejagt.

Angesichts eines solchen Reichtums an Nahrungsmitteln überrascht es kaum, daß das Elsaß so viele lokale Spezialitäten und auch Restaurants, in denen sie aufgetischt werden, zu bieten hat. Der einfachste Typ ist die *winstub*, ein Lokal nach Art einer *brasserie*, in dem man gute einheimische Gerichte und Weine zu bescheidenen Preisen bekommt. Daneben gibt es eine Reihe erlesener, mit zwei oder auch drei Michelin-Sternen dekorierter Restaurants.

Was wäre für den Auftakt eines delikaten Menüs besser geeignet als die berühmte *pâté de foie gras*? Für diese exquisite, zartschmelzende Gänse- oder Entenleberpastete sind verschiedene Rezepte im Umlauf. Der klassische Wein dazu ist der Tokay-Pinot gris, gut paßt aber auch ein Gewürztraminer oder selbst ein Riesling, besonders eine feste, leicht süße *vendange tardive*.

Fleisch spielt in der elsässischen Küche eine wichtige Rolle. Ein Paradebeispiel ist der traditionelle, üppige und würzige Eintopf namens *baeckeoffe*. Er enthält mariniertes Rind- und Lammfleisch, das mit Kartoffeln, Gemüse und Gewürzen langsam unter einem Teigdeckel gegart wird. Einige Gläser Pinot gris runden das Ganze perfekt ab. Hinter dem Begriff *charcuterie* verbirgt sich eine breite Palette von Würsten, getrocknetem, geräuchertem und gepökeltem Fleisch, Schinken, Pasteten und Terrinen.

In der Rheinebene wird intensiv Kohl angebaut, der für Sauerkraut bestimmt ist. *Choucroute*, wie es hier heißt, ist viel zarter und weniger sauer als sein deutsches Pendant und bildet die Grundlage einer weiteren hiesigen Spezia-

lität, *choucroute à l'alsacienne*. Neben Sauerkraut kommen in diesen Eintopf Kartoffeln und oft fünf bis sechs verschiedene Fleischsorten. Das Ganze wird mit herrlichem Pinot blanc hinuntergespült.

Zwiebeln sind eine weitere Leidenschaft der Elsässer, die sie zu Kuchen, Suppe und Quiche verarbeiten. Lassen Sie sich nicht täuschen von der *tarte flambée* oder *flammeküche*, wie sie im Dialekt heißt. Es handelt sich dabei nicht um eine süße Leckerei, sondern um einen pikanten „Snack": Dünn ausgerollter Brotteig wird mit Speckwürfeln und gehackten Zwiebeln belegt, reichlich mit Sahne oder Quark übergossen und dann im heißen Ofen gebacken.

Der Gewürztraminer kommt in Kombination mit dem pikant-würzigen Munster, einem kleinen halbfetten Weichkäse aus Rohmilch von den Kühen der Vogesen, am besten zur Geltung. Traditionsgemäß bekommt man diese Käsespezialität mit etwas Kümmel bestreut.

Nicht unerwähnt bleiben darf die Fülle von Gebäck und Broten, ob aus Roggen, Weizen oder Gerste, süß oder herzhaft, in der Form gebacken, zu Zöpfen geflochten oder mit Puderzucker bestäubt. Süßes Brot wie *kugelhopf*, gefüllt mit Trockenfrüchten und Nüssen, schmeckt köstlich zu Kaffee. Versuchen Sie gar nicht erst, den delikaten Obstkuchen zu widerstehen, die – wie sollte es anders sein – mit Sahne serviert werden. Und dann gibt es noch die traditionellen Pfefferkuchen mit Ingwergeschmack.

Bei einem Streifzug durch die Gassen von Straßburg und Colmar erhält man einen lebhaften Eindruck von der kuli-

Links: *Eine Auswahl regionaler Fleisch- und Wurstspezialitäten aus Colmar. Unter* charcuterie *fällt alles, von luftgetrocknetem, geräuchertem Fleisch bis Gänseleberpastete.*

Unten: *Der große, goldgelbe* kugelhopf *schmeckt so lecker, wie er aussieht. Er ist nur eine der zahlreichen unwiderstehlichen Backspezialitäten des Elsaß.*

narischen Vielfalt dieser Region. Auf der Route du Vin stößt man in den Weinbauorten immer wieder auf *winstuben*, Restaurants und Läden mit einheimischen Delikatessen.

Oben: *Eine Auswahl scharfer, köstlicher Munster-Käse.*

Links oben: *Auch Obstbrände haben im Elsaß eine lange Tradition.*

ROUTE DU FROMAGE

Trotz des Umweges verheißt der Besuch von Munster ein faszinierendes Erlebnis. Darüber hinaus bietet sich dort die Gelegenheit, den mit Kümmel bestreuten Käse gleichen Namens, begleitet von einem Glas Gewürztraminer, zu kosten. In der Stadt selbst sind viele *fromageries* ansässig.

An der Straße, die durch die Ausläufer der Vogesen zwischen Weiden mit den kleinen schwarzen elsässischen Kühen hinauf nach Munster führt, liegen mehrere Gehöfte. Zu ihnen gehören kleine Molkereien, in denen der pikante Weichkäse aus Rohmilch hergestellt wird. Besucher sind meist willkommen. Es gibt auch eine «Route du Fromage», die die Besucher der Gegend gezielt zu etwa 30 Bauernhöfen um Munster führt. Sie sind jeweils mit einem blauen Schild gekennzeichnet, zum Zeichen dafür, daß hier Munster-Käse hergestellt wird. Die meisten von ihnen sind zugleich *auberges*, die die herzhaften Gerichte der Bergler und natürlich den hofeigenen Munster servieren.

Oben: *Fast jede Molkerei in der Gegend von Munster stellt ihre eigene Version des berühmten Käses her.*

EAUX-DE-VIE

Das Elsaß kann auch auf eine lange Tradition der Branntweinherstellung verweisen. In jedem Haus stehen Flaschen, in denen wilde Holunderbeeren, Erdbeeren oder Kiefernwurzeln aus den nahegelegenen Bergwäldern oder auch Früchte aus dem Obstgarten wie Mirabellen, Quitten und Pfirsiche langsam zu alkoholreichen, aber köstlich fruchtigen *eaux-de-vie* umgewandelt werden. Kirsch ist die gängigste aller Varianten. Die Elsässer trinken diese Schnäpse nicht nur nach dem Essen, sondern verwenden sie auch beim Kochen, um süßen wie herzhaften Spezialitäten, von Soufflés über Eintöpfen bis hin zu Obstkuchen, ein intensiveres Aroma zu verleihen.

Über 30 verschiedene Sorten gibt es in der Region zu kaufen. In Lapoutroie, unweit von Kaysersberg, wurde ein Museum eingerichtet, das sich mit der Geschichte und Herstellung von Branntwein befaßt.

Als Abwechslung zum «Obstwasser» genießen die Elsässer nach dem Essen auch gern einen Marc de Gewurztraminer. Probieren Sie ihn vorsichtig: Er hat einen Alkoholgehalt von 45 Prozent.

Oben: *Eine Straße schlängelt sich durch die Weinberge bei Riquewihr.*

Zum Gebrauch des Führers

Mit diesem Führer können Sie den gewundenen Wegen der Route du Vin durch die Weinbauorte des Elsaß, von Straßburg im Bas-Rhin in südlicher Richtung bis nach Colmar im Haut-Rhin, folgen. Für jede Region werden Routen vorgeschlagen, die durch die wichtigsten Ortschaften führen. Dabei sind Museen, besondere Geschäfte und Sehenswürdigkeiten genauso berücksichtigt wie empfehlenswerte Hotels und Restaurants, zu denen, soweit möglich, Preise angegeben sind. (Die Hotelpreise gelten normalerweise für ein Doppelzimmer.) Die Weine und Spitzenerzeuger der einzelnen Orte werden ebenfalls genannt.

Hotels

Bitten Sie bei der Reservierung um ein Zimmer, das nach hinten hinausgeht. Wenn Sie absehen können, daß Sie später als zu den normalen Hotelzeiten eintreffen, rufen Sie bei der Rezeption an. Auch tun Sie gut daran, Ihre Reservierung schriftlich zu bestätigen. Es gibt außerdem zahlreiche Pensionen und Herbergen, die Übernachtung mit Frühstück anbieten, zu erkennen an einem Schild mit der Aufschrift *chambres à louer*. Zusätzlich zu den hier emp-

fohlenen Hotels bekommen Sie eine Unterkunftsliste in den meisten Rathäusern oder Fremdenverkehrsämtern.

Restaurants

Zur Tischreservierung und um sicherzugehen, daß an dem jeweiligen Tag geöffnet ist, empfiehlt es sich, vorher anzurufen. Viele der besseren Lokale haben außerhalb der Saison nur an drei oder vier Tagen in der Woche offen.

Die festen Menüs sind oft am preisgünstigsten und bestehen aus den frischesten Erzeugnissen des Tages. In einfachen Gaststätten sollte man sich an die regionalen Gerichte halten. Man sollte möglichst auch Weine der Region oder sogar des jeweiligen Ortes bestellen, da sie wahrscheinlich mit mehr Erfahrung und kritischerem Sachverstand ausgewählt worden sind. Ein Krug mit Leitungswasser ist stets gratis.

Weinerzeuger

Ein Rendezvous mit einem der berühmteren Weinerzeuger dürfte wohl schwierig zu arrangieren sein; die weniger bekannten Hersteller werden Sie jedoch gerne willkommen heißen. Scheuen Sie sich nicht, ihnen diesen Führer zu zeigen. Jemand, der auf Empfehlung kommt und offenbar ernsthaft an Wein interessiert ist, wird für gewöhnlich entgegenkommend aufgenommen. Beim Degustieren der Weine spuckt man den Probeschluck wieder aus; man sollte aber vorher fragen, wohin. Geben Sie dem Winzer nie ein Trinkgeld, aber kaufen Sie zumindest eine Flasche als Zeichen der Wertschätzung seiner Gastfreundschaft (das gilt natürlich nicht, wenn Sie für den Besuch bezahlt haben). Meistens wird nur Französisch gesprochen, obwohl viele junge Franzosen heute Englisch oder Deutsch können.

Die Wahl beim Weinkauf

Die richtige Wahl beim Weinkauf ist angesichts der Vielzahl von Winzern und *négociants* im Elsaß nicht leicht. Der Preis besagt nicht so viel; selbst die Appellation ist keine Qualitätsgarantie. Die Trauben aus ein und demselben Weinberg können von verschiedenen Winzern zu sehr unterschiedlichen Produkten verarbeitet werden. Der gute Ruf des Erzeugers ist folglich weitaus wichtiger als der Preis oder die Appellation.

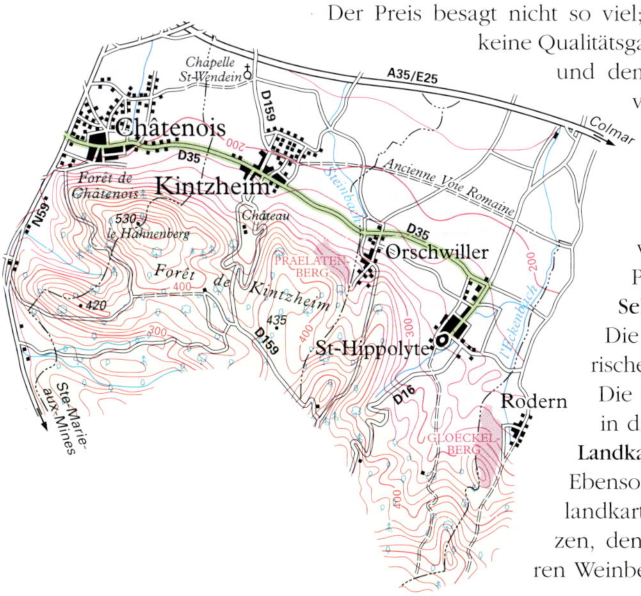

Sehenswürdigkeiten

Die Region steckt voller historischer und kultureller Zeugnisse. Die interessantesten finden Sie in diesem Buch aufgeführt.

Landkarten

Ebenso finden Sie detaillierte Weinlandkarten mit den Gemeindegrenzen, den Grands crus sowie anderen Weinbergbegrenzungen.

Ganz oben: *Im Straßburger »Musée alsacien« werden die Besucher über die Elsässer Tradition informiert.*

Oben: *Auslage mit lokalen Spezialitäten und Spirituosen.*

Bas-Rhin

Das Bas-Rhin liegt nicht, wie der Name vielleicht vermuten läßt, sehr tief, sondern lediglich am Unterlauf des Rheins. Jedenfalls befindet sich hier der Startpunkt für die in den fünfziger Jahren konzipierte Route du Vin, die den Reisenden durch rund 100 Weindörfer der Region führt. Es gibt keine großen Hinweisschilder, während sich die Route durch die Ausläufer der Vogesen schlängelt. Doch die meisten Dörfer liegen ohnehin nur ein paar Kilometer auseinander, und wenn man sich wirklich verfährt, erhöht das meist die Freude an der Reise. Halten Sie nach Schildern mit der Aufschrift *vente directe* entlang der Strecke Ausschau; einige davon weisen Ihnen den Weg zu Winzern, die ihren Wein aus ein paar winzigen Parzellen herausholen. Diese Betriebe keltern oft ganz bemerkenswerte Tropfen.

Die etwa 200 Kilometer lange Route du Vin beginnt in Marlenheim im nördlichen Bas-Rhin und führt in das südlich gelegene Thann im Haut-Rhin.

Dieses Departement erstreckt sich von dem hübschen Städtchen Wissembourg an der Grenze zu Deutschland bis hinunter zu dem Weinbauort Orschwiller nahe Sélestat. Auf der Fahrt nach Süden kann man die Entwicklung der Weine und ihrer Stilrichtung von Erzeuger zu Erzeuger, von Ort zu Ort verfolgen. Die Böden und Hänge des Bas-Rhin erbringen nicht ganz die Qualität der Weinberge im Haut-Rhin. Dennoch gibt es hier zahlreiche exzellente und engagierte Erzeuger von eleganten, edlen Gewächsen.

Zwar beginnt die Route du Vin in Marlenheim, doch liegt auch im Norden des Bas-Rhin ein kleines Weinbaugebiet. Das Gros der Winzer in Rott, Steinseltz, Cléebourg und Oberhoffen ist der Genossenschaft von Cléebourg nahe Wissembourg angeschlossen. Hier bekommt man schon einen ersten Eindruck davon, was für eine Bilderbuchregion das Elsaß mit seiner sanften Hügellandschaft und den malerischen Gebäuden von Wissembourg ist.

Der Weg von Straßburg hinauf nach Wissembourg führt durch den Wald von Haguenau, den größten ganz Frankreichs. Gleich südlich davon liegt Soufflenheim, wo seit mehr als fünf Jahrhunderten das Töpferhandwerk ausgeübt wird. Überall in der Region findet man Geschäfte, die die farbenfroh bemalten Töpfe und Teller verkaufen.

Unten links: *Kunstvolle Ornamente wie auf diesem Zifferblatt entdeckt man viele im Elsaß.*

Unten und ganz unten: *Straßburg, das weltoffene Herz des Elsaß, wird von mehreren Flüssen durchquert. Ein einziger Tag genügt nicht, um die vielen Sehenswürdigkeiten der Altstadt kennenzulernen.*

STRASSBURG

HOTELS

Hôtel des Rohan
17 rue Maroquine, Tel. 88 32 85 11
In der Altstadt nahe dem Münster. Sehr komfortable Zimmer zu 350 - 595 FF.

Monopole-Métropole
16 rue Kuhn, Tel. 88 32 11 94
Angenehme, freundliche Atmosphäre mit elsässischem Flair.

RESTAURANTS

Chez Yvonne (S'Burgerstuewel)
10 rue Sanglier, Tel. 88 32 84 15
Berühmte *winstub*. Regionale Gerichte, großzügige Portionen.
Menü 170 - 210 FF.

Le Crocodile
10 rue de l'Outre, Tel. 88 32 13 02
Bestes Restaurant der Stadt; kulinarische Meisterwerke werden unter großen Kunstwerken des 19. Jahrhunderts serviert. Gute Mittagskarte.

Oben und rechts: *Szenen im Stadtviertel Petit France in Straßburg: ein Handwerkerladen und Fachwerkhäuser, die sich im Wasser spiegeln.*

STRASSBURG

Marlenheim und der Startpunkt der Elsässer Weinstraße liegen südlich von Straßburg. Für die Besichtigung dieser Stadt sollte man sich zumindest einen Tag Zeit nehmen. Ehemals ein bedeutender Binnenhafen, ist Straßburg heute als Sitz des Europäischen Parlaments und des Europarats gewissermaßen das kosmopolitische Herz des Elsaß.

Die Stadt strahlt eine angenehme Wohlhabenheit und Eleganz aus. Verwinkelte Gassen und alte Fachwerkhäuser mit steilen Dächern verleihen dem belebten mittelalterlichen Zentrum ein typisch elsässisches Flair. Die Straßen sind gesäumt von allen erdenklichen Lebensmittelgeschäften, in denen man von *charcuterie* über Käse bis zu *pâtisserie* und Schokolade alles bekommt, was das Herz begehrt. Daneben gibt es Haute-Couture-, Antiquitäten- und Souvenirläden, Teehäuser, *winstuben* und Museen.

Von überall ist das imposante, alles überragende Straßburger Münster zu sehen. Nicht verzichten sollte man auf einen Spaziergang durch das hübsche Petite France und das Gerberviertel, das von einem Gewirr schmaler Kanäle durchzogen wird. Sehenswert auch der Quai des Poissonneries mit seinen Fischhandlungen. Geschichtlich interessierte werden sich an den Museen erfreuen, die einen besonderen Einblick ins mittelalterliche Straßburg bieten.

Es gibt Hotels und Restaurants für jeden Geldbeutel und Geschmack. Ein Tag in Straßburg als Einstimmung auf die Reise vermittelt einen reizvollen Vorgeschmack auf das, was das Elsaß zu bieten hat.

Maison Kammerzell
16 place Cathédral, Tel. 88 32 42 14
Prachtbau, heute unter Denkmalschutz. Im Keller traditionelle, in den beiden oberen Etagen moderne Küche. Separate, reich dekorierte *winstub*.
Menü 190 - 260 FF.

REISETIPS

Château des Rohan
Das Gebäude aus dem 18. Jahrhundert beherbergt heute folgende Museen:
Musée des Beaux Arts – mit zahlreichen Stilleben
Musée des Arts Décoratifs – u.a. mit einer beeindruckenden Porzellansammlung
Musée Archéologique – mit prähistorischen und gallorömischen Artefakten
Musée Alsacien – stellt u.a. die Geschichte der Weinbereitung in der Region dar

Links: *Das Portal der Kathedrale Notre-Dame, die man hier fast nie aus den Augen verliert.*

Unten: *Der freundliche Blumenschmuck eines typischen Wohnhauses in Straßburg.*

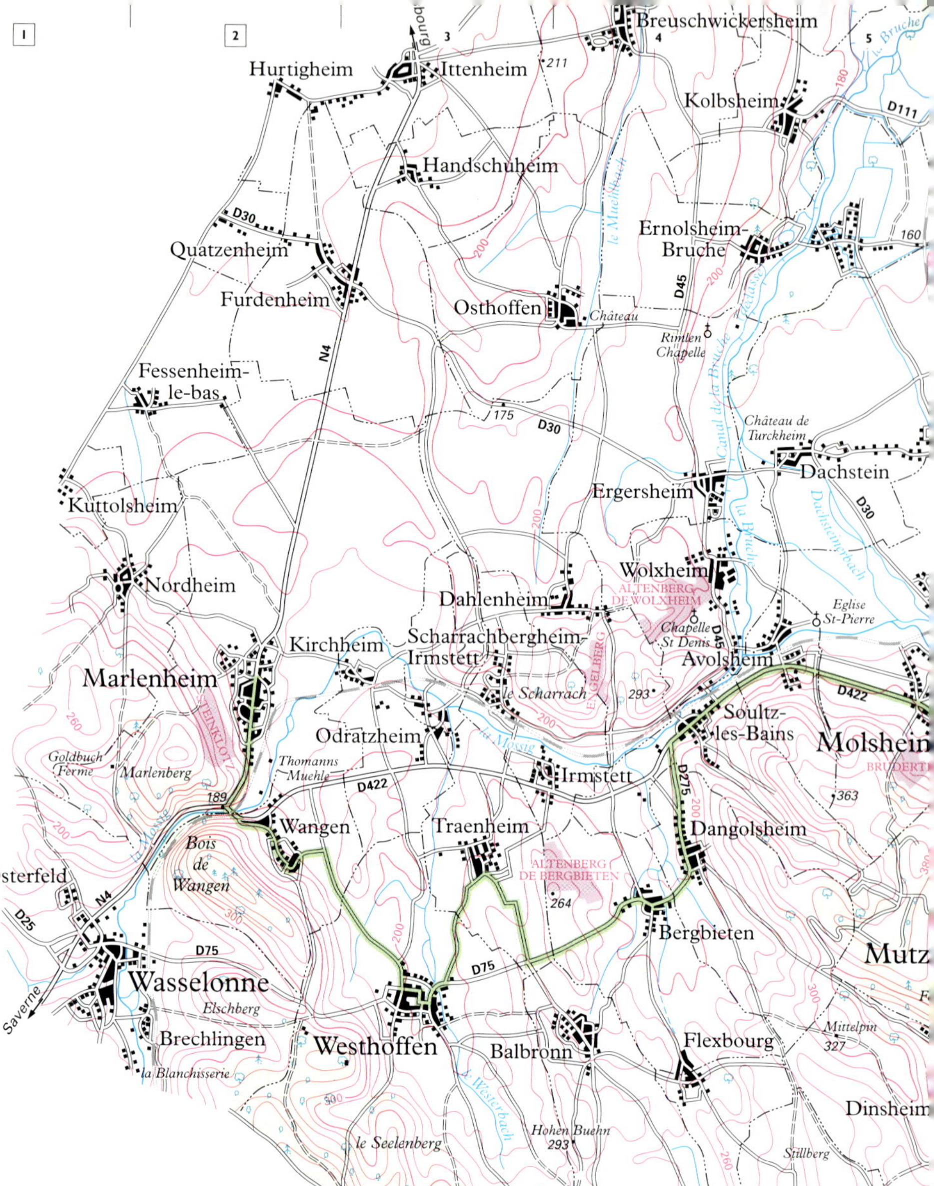

MARLENHEIM

Von Straßburg sind es nur etwa 15 Kilometer in westlicher Richtung über die vielbefahrene Route nationale N4 nach Marlenheim, einer der ältesten Weinbaugemeinden des Elsaß und Anfangspunkt der Route du Vin. Auf dem Weg nach Süden werben mehrere Weinerzeuger mit *chambres d'hôtes* für eine Übernachtung und vorangehendem Abendessen mit kulinarischen Genüssen und lokalen Weinen. Marlenheim ist nicht zu verfehlen, denn die N4 führt direkt durch den Ort. Sobald man zur Altstadt abbiegt, taucht das mittelalterliche Elsaß mit seinen zauberhaften Häusern, leicht ansteigenden Straßen und der weiß getünchten Kirche aus dem 18. Jahrhundert auf. Steigen Sie hinauf zur Barockkapelle Notre-Dame des Sept-Douleurs, die Anstrengung wird durch einen herrlichen Blick über den Ort und die Weinberge bis hin zu den Vogesen belohnt.

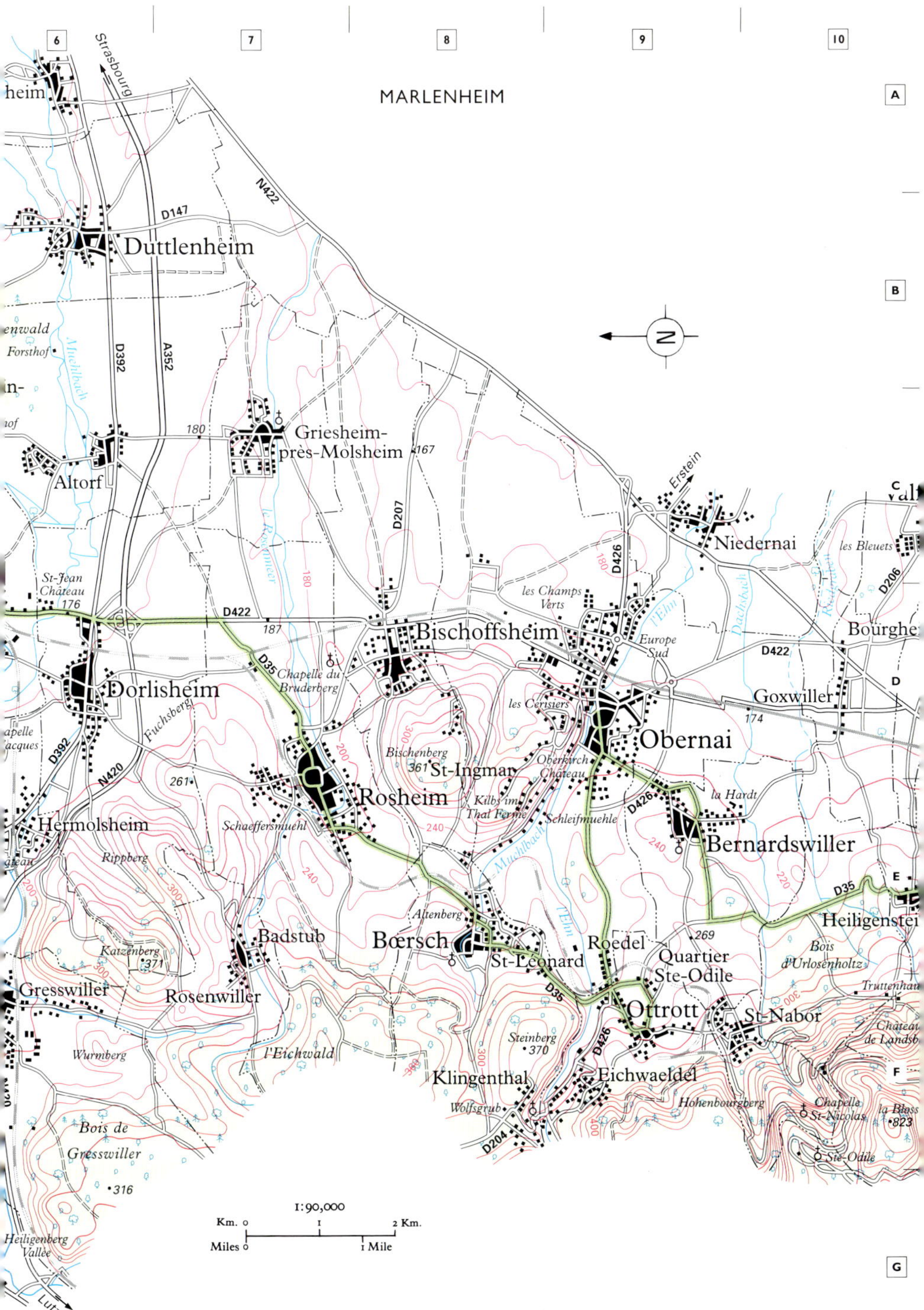

Nördliches Bas-Rhin

Kantonsgrenze	Wald
SPOREN Grand-cru-Lage	Höhenlinien im 20-Meter-Abstand
Sonstige Lage	Weinstraße

MARLENHEIM

HOTEL

Hostellerie Reeb
Tel. 88 87 52 70
Über 30 modernisierte Zimmer. Gemütliches, stilvolles Restaurant; 4 Menüs zur Wahl, offene Weine. Probierenswert der *preskopf au rosé de Marlenheim*.
Zimmer bis 350 FF. Menü ab 185 FF.

RESTAURANTS

Le Cerf
Tel. 88 87 73 73
Einer der besten Gourmettempel im Elsaß, Preise entsprechend. Mischung traditioneller und moderner Küche, viele Fischspezialitäten. Schöne Zimmer um einen idyllischen Innenhof. Menü ab 350 FF.

Relais de la Route du Vin
Tel. 88 87 50 05
Einfacher, behaglicher Speiseraum; regionale Gerichte wie *choucroute* und *faisan à la vigneronne*. Freundliche Bedienung.

EMPFOHLENE ERZEUGER

Romain Fritsch
Guter Tokay-Pinot gris Steinklotz, Pinot noir und Rosé de Marlenheim.

Laugel
Dynamischer *négociant*, der Anfang der 90er Jahre von dem an der Loire ansässigen Unternehmen Rémy-Pannier übernommen wurde. Guter Rosé de Marlenheim von eigenen Rebflächen (7 ha in Marlenheim); fast alle Trauben werden angekauft. Gute Crémants, Rieslinge und Tokay-Pinot gris Steinklotz.

Philippe Lorentz *(Traenheim)*
Sein bester Riesling kommt vom Grand cru Altenberg de Bergbieten.

Frédéric Mochel *(Traenheim)*
Ausgezeichnete einfache Weine (Muskat und Pinot noir) und Grands crus (fruchtiger Gewürztraminer, eleganter Riesling Altenberg de Bergbieten), aber auch Crémant d'Alsace.

Mosbach
Einer der Marlenheimer Spitzenerzeuger mit Keller und *winstub* an der Hauptstraße. Besitzt praktisch ein Drittel der 75 ha Rebflächen des Ortes. Köstlicher, würziger Pinot noir Vorlauf; exzellenter Tokay-Pinot gris und Gewürztraminer.

Roland Schmitt *(Traenheim)*
Beeindruckender frischer Gewürztraminer und großartiger Riesling Altenberg de Bergbieten.

Marlenheims Ruf in der Weinwelt stützt sich auf den Pinot noir, der auf den kalkhaltigen Böden seiner geschützten Weinberge bestens gedeiht. Einst für seinen «Vorlauf» bekannt, einen sehr leichten Rotwein (vom Stil her beinahe ein Rosé), hat es sich inzwischen mit einem frischen, fruchtigen Rosé de Marlenheim einen Namen gemacht. Bei einem Besuch im Herbst zur Zeit der Lese können Sie den *vin nouveau* Pinot noir kosten. Zu den 75 Hektar Rebflächen Marlenheims gehört seine einzige Grand-cru-Lage, der Steinklotz, auf den Hängen nördlich des Ortes. Hier wachsen feiner Riesling – besonders erwähnenswert die Tropfen des Erzeugers Laugel – und Tokay-Pinot gris.

Marlenheim hat, wie viele Orte entlang der Route du Vin, einen eigenen *sentier viticole* (Weinbergpfad). Anders als die Weinstraße selbst sind diese Wege gut ausgeschildert.

Von Marlenheim aus schlängelt sich die Route du Vin durch die sanft gewellten Hügel des Bas-Rhin mit ihren Wiesen, Kirschgärten und Weinbergen nach Süden. Dann schwenkt sie in Richtung der Vogesen. Auf stillen Landstraßen passiert man mehrere kleine Ortschaften, darunter Wangen, ein mittelalterliches Wehrdorf, und Westhoffen, wo jeden Sommer ein dreitägiges Kirschenfest gefeiert wird.

Hinter Westhoffen biegt man von der D75 nach links ab und gelangt nach Traenheim. Hier erzeugt das kleine Weingut Frédéric Mochel einige exzellente Weine. Die

Rechts: *Straßburger Dekoration, von Natur und Menschenhand geschaffen.*

Familie besitzt eine Weinkelter aus dem Jahr 1669. Mochel gehören ebenso wie Philippe Lorentz Anteile am 29 Hektar großen Grand cru Altenberg de Bergbieten in der Nachbargemeinde Bergbieten, in wenigen Autominuten über die D75 in Richtung Avolsheim zu erreichen. Die Weine dieses Grand cru sind in der Jugend ziemlich blumig, können aber gut altern. Sowohl Gewürztraminer als auch Riesling gedeihen hier.

Ab Soultz-les-Bains geht es weiter auf der D422. Machen Sie einen kurzen Besuch in Avolsheim mit seiner hübschen Ulrichskapelle und dem Dompeter. Die im 11. Jahrhundert erbaute Kirche steht abgeschieden, nur in Gesellschaft eines tausendjährigen Baumes, südlich des Ortes auf einem Feld.

Oben: *Die Straße durch Marlenheim führt direkt an der weißgetünchten Kirche aus dem 18. Jahrhundert vorbei.*

MOLSHEIM

HOTEL

Hôtel Diana
Tel. 88 38 51 59
Modernes Hotel in Altstadtnähe. 60 schön ausgestattete Zimmer mit Balkon oder Tür zum Garten. Sauna und Schwimmbad. Gourmetrestaurant und *winstub*. Menü ab 125 FF. Zimmer ab 350 FF.

RESTAURANT

Au Cheval Blanc
Tel. 88 38 16 87
In einem alten Gebäude am Hauptplatz. Das Repertoire umfaßt u.a. *kugelhopf* und Ente in Muskatsauce. Ansprechende Preise. Auch Zimmervermietung.

VERANSTALTUNGEN

Weinausstellung – 1. Mai.
Grande Fête du Raisin – 2. Sonntag im Oktober.

EMPFOHLENE ERZEUGER

Antoine et Robert Klingenfus
Guter Gewürztraminer Bruderthal und Muscat Finkenberg, dazu ein spezieller Bugatti-Wein, der Gewürztraminer Pur Sang.
Gérard Neumeyer
Großproduzent mit weiten Ländereien auf dem Bruderthal. Ansprechende Rieslinge, Gewürztraminer und Weine aus Tokay-Pinot gris.
Bernard Weber
Ein seriöser Erzeuger mit herrlichem Crémant, hervorragendem Sylvaner, elegantem Riesling Bruderthal und Tokay-Pinot gris Finkenberg.

Oben und unten: *Molsheim, eine Stadt dramatischer Gegensätze. Grandiose Bauwerke stehen neben pittoresken Häusern.*

MOLSHEIM

Fahren Sie weiter zu dem größeren Weinort Molsheim am Fuß des rebenbedeckten Molsheimer Bergs. Die Liebe der Einwohner gehört jedoch nicht nur dem Wein, sondern auch dem Auto: denn in Molsheim war der Automobilkonstrukteur Ettore Bugatti zu Hause. Die Oldtimer selbst sind allerdings nicht hier zu sehen, sondern in einem Museum in Mulhouse im Haut-Rhin untergebracht.

Alle Kopfsteinpflasterstraßen Molsheims führen zum Place de l'Hôtel de Ville und zur Metzig. Dieses herrliche Renaissancegebäude wurde im Jahre 1525 von der Fleischerzunft als Schlachthaus errichtet. Heute dient es als Museum. Darunter liegen Weinkeller, die Teil eines ganzen Labyrinths sind, das sich unter dem Ort ausbreitet.

Die Rebflächen Molsheims – zumeist auf Kalkböden – betragen knapp 90 Hektar. Auf dem Grand cru Bruderthal liefern Riesling und Gewürztraminer besonders gute Resultate. Halten Sie Ausschau nach Weinen vom Finkenberg.

ROSHEIM

HOTEL

Hostellerie de Rosenmeer
Tel. 88 50 43 29
Modernes Hotel neben einer *winstub*. Empfehlenswert das Degustationsmenü. Zimmer 200 - 500 FF.

RESTAURANT

La Petite Auberge
Tel. 88 50 40 60
Angenehmes Restaurant. Regionale Gerichte wie *choucroute*.

REISETIPS

Abendempfänge mit Weinprobe – dienstags im Juli und August.
Jährliche Blumenprozession – l. oder 2. Wochenende im September.
Dampflokfahrten – Mitte Juli bis Mitte August. Der Zug verkehrt zwischen Rosheim und Ottrott.

ROSHEIM

Biertrinker machen vielleicht einen Abstecher in das nur wenige Kilometer von Molsheim entfernte Mutzig, um die Erzeugnisse der Brauerei Kronenberg zu kosten. Die Route du Vin biegt bald nach Molsheim von der D422 ab und führt auf der D35 in südwestlicher Richtung in die Ausläufer der Vogesen.

In dem reizenden Ort Rosheim steht das älteste Haus des Elsaß, das aus dem 12. Jahrhundert stammende Heidenhüss. In dem Festungsstädtchen gibt es außerdem noch drei Tore aus dem 14. Jahrhundert und eines der besterhaltenen romanischen Bauwerke, die Peter- und Paul-Kirche, zu besichtigen.

In den letzten Jahrzehnten war Rosheim für seinen Sylvaner berühmt, der hier auf Kalksteinböden angebaut wird. Mehrere Erzeuger setzen diese Tradition fort.

Rechts oben: Winstuben *oder* -stubel *(ein liebevoller Diminuitiv) bieten ein fröhliches Ambiente für die Verkostung neuentdeckter Weine.*

Rechts unten: *Die reich verzierte Tracht der Region und das häufige Lächeln ihrer Träger passen gut zueinander.*

EMPFOHLENE ERZEUGER

Lucien Kirmann & Fils
Verschiedene gute Weine; probierenswert die Sylvaner und Rieslinge.
Jacques Maetz
Kleiner Winzer. Spezialitäten sind der weiche, frische Sylvaner Westerberg und der Verschnitt aus Pinot blanc und Auxerrois.

BOERSCH

Fahren Sie auf der D35 in südlicher Richtung weiter nach Boersch. Der kleine, malerische Ort verfügt über nur 25 Hektar Rebflächen, aber auch er hat neben einer eindrucksvollen Architektur drei befestigte Stadttore zu bieten. Über kleine, gewundene Straßen geht man hinauf zum eleganten Hôtel de ville. Eine Eigenheit des Elsaß sind die alten Zisternen, von denen in Boersch ein besonders schönes Exemplar steht.

OTTROTT

Die Route du Vin folgt weiter den Ausläufern der Vogesen und führt in das Städtchen Ottrott. Es ist aufgeteilt in Ottrott-le-Bas und Ottrott-le-Haut. Im oberen Teil findet man mehrere Restaurants und Probierstuben, in denen man die lokalen Weine kosten kann. Ottrott ist bekannt für seinen Pinot noir, die erfolgreichste hiesige Rebsorte. Charles Wantz, der in Barr ansässig ist, kauft viel davon für seinen exzellenten, saftig-fruchtigen Rouge d'Ottrott. Seine Firma war eine der ersten, die den Pinot noir nach dem Zweiten Weltkrieg im Elsaß wieder einführten.

Von Ottrott aus können Sie die romantischen Ruinen der Burgen Ratsamhausen und Lutzelbourg besuchen oder zum Kloster auf den Mont Ste-Odile, im 7. Jahrhundert hoch in den Bergen über Ottrott errichtet, hinaufpilgern. Jedes Jahr zieht es Tausende von Besuchern zum Grab der Sainte Odile, heute Schutzpatronin des Elsaß. Der Aufstieg mag beschwerlich sein, doch hat man einen herrlichen Ausblick über die Weinberge bis nach Obernai und zum Rhein.

OBERNAI

Das kleine, aber lebendige Obernai, vier Kilometer östlich an der D426 gelegen, ist eine der ältesten Gemeinden des Elsaß und ein Eldorado für Photographen. Erspüren Sie am Place de l'Etoile die Atmosphäre des Elsaß vergangener Zeiten, und besichtigen Sie den Marktplatz mit seiner Kornhalle – erbaut im 16. Jahrhundert und heute auch Museum –,

BOERSCH

RESTAURANT

Le Châtelain
Tel. 88 95 83 33
Kleines Restaurant im Zentrum von Boersch. Kreative Küche mit hohem Niveau. Im Besitz des Erzeugers Schaetzel. Menü ab 120 FF.

VERANSTALTUNGEN

Die Feste Ende Juli und Ende Oktober sind ein besonderes Erlebnis.

EMPFOHLENER ERZEUGER

Schaetzel
Betrieb mit Weinbergen hauptsächlich in Ottrott, Keller und Abfüllanlage aber in Boersch. Probierstube und Weinverkostung für Gruppen in Le Châtelain. Kosten Sie den Rouge d'Ottrott Cuvée Châtelain.

OTTROTT

HOTEL

Le Clos des Délices
Tel. 88 95 81 00
Umgeben von herrlicher Landschaft, mit 25 sehr komfortablen Zimmern, Swimming-pool und anderen Einrichtungen. Gutes Restaurant. Zimmer ab 400 FF.

RESTAURANTS

L'Ami Fritz
Tel. 88 95 80 81
Behagliches Ambiente, gute Bedienung, regionale Spezialitäten zu annehmbaren Preisen. Komfortable Zimmer. Menü ab 125 FF.

Links oben: *Ein zweisprachiges Hinweisschild verführt den Besucher zu einer Weinprobe.*

Links: *Der 10,5 ha umfassende Clos Sainte Odile hinter Obernai trägt den Namen der Schutzpatronin des Elsaß.*

Ganz oben: *Eine typische steile Straße mit Kopfsteinpflaster in Boersch.*

Oben links und rechts: *Nur 25 ha Rebland findet man rund um Boersch, doch der charmante Ort lohnt wie die meisten Dörfer im Elsaß einen Besuch.*

Beau Site
Tel. 88 95 80 61
Gemütliches Restaurant, gleichbleibend gute Qualität. Bekannt für seine ausgezeichnete regionale Küche und Wildgerichte der Saison (perfekt dazu der Rouge d'Ottrott). Große Weinkarte. Komfortable Zimmer (400 - 500 FF). Menü ab 100 FF.

VERANSTALTUNG

Fête de Rouge d'Ottrott – Ende August.

EMPFOHLENE ERZEUGER

Fritz
Probierenswerter Rouge d'Ottrott, Auxerrois und Gewürztraminer Affenberg.
Schaetzel
Siehe unter Boersch.
Jean-Charles Vonville
Sehr erfolgreich ist der Rouge d'Ottrott.

OBERNAI

HOTELS

A la cour d'Alsace
Tel. 88 95 07 00
Vornehmstes Hotel in Obernai, um einen Innenhof angelegt. Große, geschmackvoll eingerichtete Zimmer ab 450 FF. Garten und Restaurant.
Hostellerie la Diligence
Tel. 88 95 55 69
Elegantes Hotel alten Stils am Marktplatz. Zwei moderne, ruhige Nebengebäude, *Exquisite Résidence* und *Bel Air Résidence*, liegen westlich des Stadtzentrums. Zimmer um 300 FF.
Le Parc
Tel. 88 95 50 08
Echt elsässisches Flair, angemessene Preise für Zimmer und Essen. Das Restaurant wird, besonders sonntags, auch von Einheimischen viel besucht. Köstliches Essen; gute Auswahl an *eaux-de-vie*. Swimming-pools im Haus und im Freien, Sauna, Solarium und weitere Einrichtungen.
Menü ab 200 FF. Zimmer ab 450 - 550 FF.

RESTAURANT

L'Agneau d'Or
Tel. 88 95 28 22
In der herrlichen, kleinen *winstub* bekommt man exzellente regionale Kost zu günstigen Preisen.

VERANSTALTUNGEN

Kleine Weinausstellung – Wochenende vor oder nach dem 15. August.
Jährliche Weinausstellung – 2. Sonntag im Oktober.

REISETIPS

Sentier viticole durch die Weinberge mit Blick über den Ort.

Museum in der Kornhalle.

Musée du Cheval et de l'Attelage (Pferde- und Kutschenmuseum) mit zwei prachtvollen Gärten im französischen bzw. italienischen Stil. Geöffnet von Juli bis September.

EMPFOHLENE ERZEUGER

Eugène Blanck et Fils
Familienbetrieb mit Kellern und Empfangsbereich im Ort. Spitzenweine sind u.a. Tokay-Pinot gris und Rouge d'Ottrott.

CV Obernai
Die Genossenschaft des Ortes. Tokay-Pinot gris Clos Sainte-Odile und eleganter Gewürztraminer.

Domaine du Clos Sainte-Odile
Erstklassiger Gewürztraminer und Riesling.

Seilly
Kleiner Erzeuger mit einem phantastischen Edelzwicker Vin du Pistolet und einem guten Tokay-Pinot gris.

dem Rathaus und dem hohen Turm der Kapellkirche Notre-Dame. Bemerkenswert auch der Sechseimerbrunnen, der heute mit bunten Geranien bepflanzt ist. Obernai hat zahlreiche komfortable Hotels und Restaurants und einen schönen *sentier viticole*. Es bietet sich als Stützpunkt für Tagestouren in die Umgebung an.

Der bedeutendste Weinproduzent ist die Genossenschaft CV Obernai. Sie erzeugt einen aromatischen, vollen Tokay-Pinot gris auf dem 10,5 Hektar großen Clos de Sainte-Odile, der steil jenseits des Ortes aufsteigt, und einen eleganten Gewürztraminer unter eigenem Namen. Der ummauerte Clos ist mit Gewürztraminer, Tokay-Pinot gris und Riesling bestockt, wobei die beiden erstgenannten hier besonders erfolgreich gedeihen. Keiner der zumeist sandigen Weinberge Obernais ist als Grand cru klassifiziert; gleichwohl verdient der Schenkenberg besonderes Augenmerk.

Ganz links: *Die beste Gelegenheit, lokale Spezialitäten – darunter auch Weine und Spirituosen – zu erproben, bieten die Restaurants.*

Links: *Ein Hausdach mit Ausblick.*

Unten: *Obernai ist einer der ältesten Orte im Elsaß – mit dekorativster Architektur.*

Südliches Bas-Rhin

HEILIGENSTEIN

Um wieder auf die Route du Vin zu gelangen, folgen Sie der Ausschilderung für Bernardswiller in westlicher Richtung; nach dem Ort stoßen Sie erneut auf die D35. Weiter geht es durch die Weinberge bis Heiligenstein, berühmt für seinen einzigartigen Wein, den Klevener de Heiligenstein. Die erste Klevener-Rebe, auch als Savagnin rosé bekannt, wurde 1742 von Ehrhard Wantz gepflanzt, dem man vor dem Rathaus ein Denkmal errichtet hat. Mild-aromatisch, frisch, von sanfter Würze und ausdrucksstark, erhielt der Klevener de Heiligenstein 1971 eine eigene Unterappellation. Auf den sechs Weinbergwegen eröffnen sich atemberaubende Blicke über die Rheinebene.

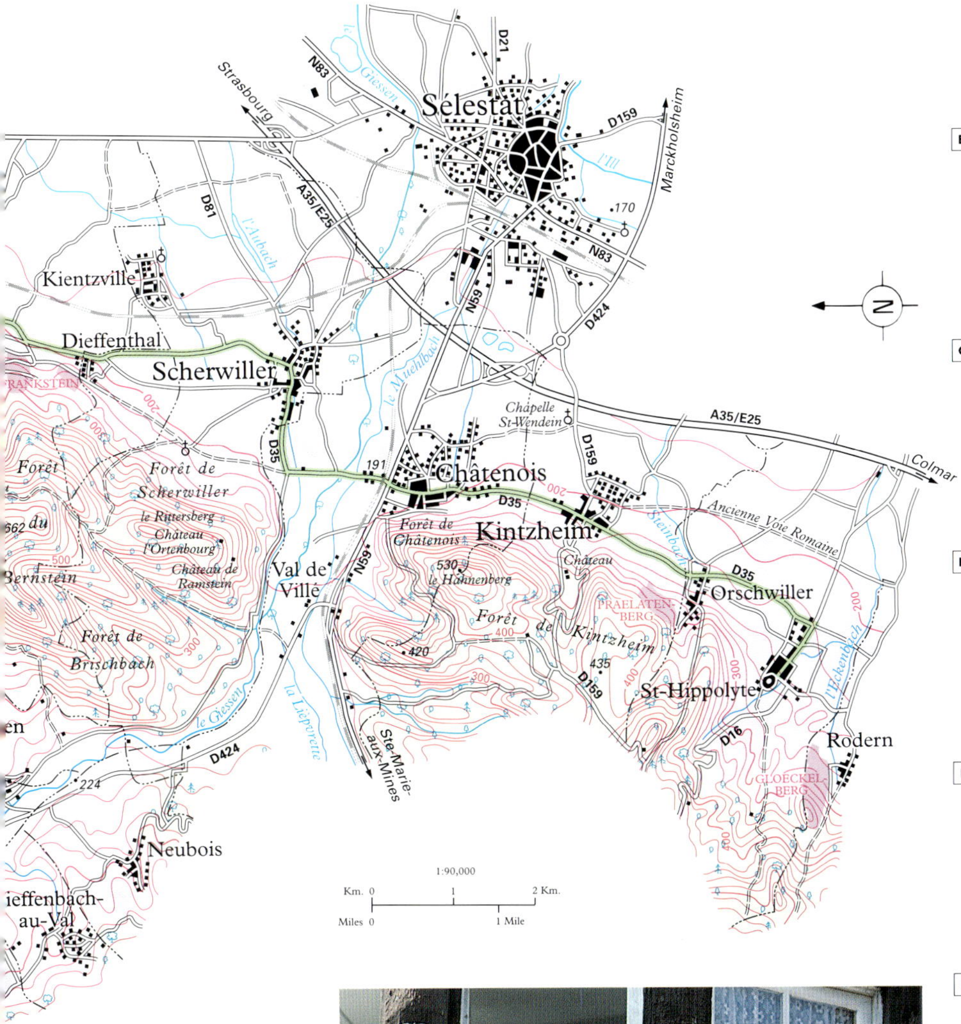

Rechts: *Blumengeschmücktes Fenster in Barr – einem Ort mit einem Labyrinth terrassenförmig ansteigender, verschlungener Sträßchen.*

HEILIGENSTEIN

HOTEL

Relais du Klevener
Tel. 88 08 05 98
Das renovierte Hotel wird von der Familie Meckert geleitet. Bitten Sie um ein Zimmer mit Blick über das Rheintal. Zimmer 200 - 350 FF.

RESTAURANT

Au Raisin d'Or
Tel. 88 08 95 23
Warme Braun- und Rottöne verleihen dem Gasthaus ländlichen Charme. Gutes dreigängiges Menü. Köstliche *truite au Riesling*. Menü um 100 FF.

EMPFOHLENE ERZEUGER

Jean Heywang
Exzellente, faßvergorene Weine. Spitzenprodukte sind Klevener de Heiligenstein und Gewürztraminer Kirchberg.
René Meckert & Fils
Besitzer des Clos Schwendehiesel. Guter Klevener de Heiligenstein.
A. Ruff & Fils
Schöner Klevener de Heiligenstein.

Rechts: *Barr ist zwar ein bedeutendes Weinbauzentrum, aber man findet dort auch einige Bierlokale.*

Ganz rechts: *Ein Brunnen in Barr.*

Unten: *Ein Aushängeschild in Heiligenstein mit dem Weinnamen, der den Ort berühmt gemacht hat: Klevener de Heiligenstein.*

BARR

Auf dem Weg von Heiligenstein nach Barr durchfährt man den Clos de la Folie Marco, der einen exzeptionellen Sylvaner liefert. Barr ist ein bedeutendes Weinzentrum. Ein sehr steiler, von Reben überzogener Hang schafft die passende Kulisse. Zwar kann man sich im Gewirr der kurvenreichen, terrassierten Straßen leicht verfahren, doch gibt es hier zahlreiche Keller zu besichtigen und Weine zu kosten, die das Unternehmen zu einem unvergeßlichen Abenteuer machen.

Barr kann mehrere renommierte Weinberge vorweisen, deren Gewächse man einfach probieren

muß. Der 40 Hektar große Grand cru Kirchberg nimmt ein Drittel der Rebflächen ein und liefert exzellente Beispiele für volle, würzige und zugleich edle Elsässer Gewürztraminer. Halten Sie auch Ausschau nach den Weinen von Alsace Willm vom Clos Gaensbrunnel (benannt nach dem Gänsebrunnen vor dem Musée de la Folie Marco). Die Trauben, die auf der von Ton- und Kalksteinböden geprägten, sechs Hektar großen Lage heranreifen, besitzen oft einen unverwechselbaren rauchigen Charakter. Gewürztraminer und Sylvaner sind hier gleichermaßen erfolgreich. Allein die Ausblicke sind einen Besuch wert: Bei klarem Wetter sieht man bis zum Straßburger Münster.

Mitte Juli steht Barr ganz im Zeichen seiner jährlichen Weinmesse, bei der im Rathaus über 300 Gewächse aus der Umgebung präsentiert werden. Es herrscht Feststimmung, im Innenhof drängen sich den ganzen Tag über Menschen, die sich dem Genuß von *tarte flambée* hingeben, tanzen und singen und natürlich ein Glas guten Wein probieren.

BARR

HOTELS

Château de l'Andlau
Tel. 88 08 96 78
Außerhalb von Barr im waldreichen Kirneck-Tal. Stilvolle Ausstattung. Zimmer etwa 250 FF.

Du Manoir
Tel. 88 08 03 40
Stattliches Haus an der Avenue des Vosges. Zimmer etwa 300 FF.

Maison Rouge
Tel. 88 08 90 40
Hotel im Fachwerkstil mit *brasserie* und Restaurant. Äußerst vernünftige Preise. Zimmer um 250 FF.

REISETIP

Geführte Spaziergänge und Kellerbesichtigungen – Juli und August.

VERANSTALTUNGEN

Jährliche Weinmesse – an 5 Tagen um den 14. Juli.
Erntefest – Anfang Oktober.

EMPFOHLENE ERZEUGER

Alsace Willm
Spitzenproduzenten von Barr. Sehr bekannter Gewürztraminer Clos Gaensbrunnel und Tokay-Pinot gris.

Hering
Exzellente Weine. Probierenswert: Riesling Kirchberg und Gewürztraminer Kirchberg.

Domaine Klipfel
Attraktive Gutsweine traditionellen Stils. Zu empfehlen Gewürztraminer Clos Zisser, Riesling und Gewürztraminer Kirchberg sowie Gewürztraminer und Tokay-Pinot gris Freiberg.

Charles Wantz
Der *négociant* kauft Weine in mehreren Orten. Hervorragender Rouge d'Ottrott, blasser, eleganter Sylvaner Zotzenberg, Riesling Wiebelsberg, Gewürztraminer, Klevener de Heiligenstein.

MITTELBERGHEIM

HOTEL

Winstub Gilg

Tel. 88 08 91 37

Hotel und Restaurant mit schlicht eingerichteten Zimmern um einen Innenhof. *Pâté en brioche, baeckeoffe, choucroute* und modernere Gerichte. Gute Weinauswahl. Zimmer 420 FF.

RESTAURANT

Am Lindenplätzel

Tel. 88 08 10 69

Der Besitzer steht selbst am Herd. Gute Küche zu akzeptablen Preisen. Menü 100 - 200 FF.

VERANSTALTUNG

Jährliche Weinausstellung – letztes Juliwochenende.

MITTELBERGHEIM

Von Barr geht es hinauf nach Mittelbergheim, von seinen Einwohnern auch *La Cité du Vin* genannt. Seit Jahrhunderten ist der Wein für den auf einem Hügel gelegenen Ort ein bedeutender Wirtschaftsfaktor. Während viele andere Orte unter den Auswirkungen des Krieges zu leiden hatten, blühte Mittelbergheim auf. So erlebt man es heute als Musterbeispiel eines gut erhaltenen Winzerortes mit malerischen, 300 Jahre alten Häusern, die seine beiden schmalen, steilen Gassen säumen. Die hoch aufragende protestantische Kirche verdankt ihre Eleganz romanischen und gotischen Einflüssen. Wer so richtig in die elsässische Lebensart eintauchen möchte, kann hier Zimmer bei Familien mieten. Die Adressen erfährt man im Rathaus (*mairie*).

In Mittelbergheim kann man den Sylvaner von einer ganz besonderen Seite kennenlernen. Auf dem dortigen Kalksteinboden ergibt diese Rebe vorzügliche, leichte Weine. Probieren Sie unbedingt den Sylvaner vom Grand Cru Zotzenberg, bevor er für immer verschwindet. Der Zotzenberg liegt in einer Senke, in der sich die Sonnenhitze staut, wodurch der Sylvaner hier voller als anderswo im Elsaß gerät. Da er aber auf Grand-cru-Lagen nicht mehr zugelassen ist (siehe Seite 19), ersetzen die Winzer ihn nach und nach durch die edlen Traubensorten Riesling und Gewürztraminer.

Unten: *»Die Stadt des Weins« nennt sich Mittelbergheim, das fast in Reben versinkt.*

EMPFOHLENE ERZEUGER

E. Boeckel
Négociant und Weinbauer mit 20 ha in 6 Orten. Traditionsbewußter Erzeuger, spezialisiert auf Rieslinge: unverwechselbarer, würziger Riesling Brandluft und weicher, glatter Riesling Wiebelsberg (in Andlau). Von seinen charaktervollen Weinen besonders kostenswert der Sylvaner Vieilles Vignes sowie der Riesling und Gewürztraminer Zotzenberg.

Paul Brandner
Aromatischer Sylvaner Zotzenberg.

Christian Dolder
Köstlicher Sylvaner Zotzenberg und Riesling Brandluft.

Armand Gilg & Fils
Mit 20 ha eines der größten Güter des Ortes mit richtungweisenden Methoden. Feiner Muskat.

Julien Rieffel & Fils
Hochwertiger Riesling und Sylvaner Zotzenberg, Tokay-Pinot gris Kirchberg und Muskat.

A. Seltz & Fils
Der *négociant* stellt aus seinen Trauben vom Grand cru Zotzenberg einen phantastischen frischen, fruchtigen und gut alternden Sylvaner her. Exquisit sind die Réserve- und Réserve-particulière-Weine – versuchen Sie die Rieslinge –, hervorragend auch Gewürztraminer Zotzenberg, Klevner und Muskat.

Links: *Die reizenden Spitztürmchen auf dem schindelgedeckten Dach eines renovierten Fachwerkhauses im elsässischen Obernai machen den romantischen Charme des mittelalterlichen Städtchens aus.*

ANDLAU

HOTELS

Zinck-Hôtel
Tel. 88 08 27 30
Im heutigen Frühstücksraum der ehemaligen Mühle sind noch die alten technischen Vorrichtungen zu sehen. Alle Zimmer sind individuell und eigenwillig gestaltet. Zimmer 250 - 500 FF.

Hôtel Kastelberg
Tel. 88 08 97 83
Relativ großes Hotel mit Restaurant in einem Fachwerkhaus. Modernisierte Zimmer mit rustikalem Chic.
Zimmer ab 300 FF.

RESTAURANTS

Au Bœuf Rouge
Tel. 88 08 96 26
Altes Gebäude von nostalgischer «Grandeur». Großzügiger Speisesaal. Gute Fisch- und Wildgerichte. Vom Inhaber kann man wertvolle örtliche Informationen bekommen.
Menü ab 150 FF.

Le Relais de la Poste
Tel. 88 08 95 91
Vielbesuchte *winstub*. Gute, vor allem regionale Küche zu angemessenen Preisen.

EMPFOHLENE ERZEUGER

André Durrmann
Kleiner Erzeuger. Spitzenweine sind die Rieslinge Wiebelsberg und Kastelberg.

Domaine Gresser
Unter Leitung des Sohnes Rémy, talentierter und engagierter Winzer. Vorzüglich und voller Charakter sind die Rieslinge Kastelberg, Moenchberg und Wiebelsberg. Erwähnenswert auch Sylvaner, Muscat Andlau-Brandhof und Gewürztraminer Kritt.

Marc Kreydenweiss
Engagierter Winzer und Experte, dessen Etiketten den Stil der einzelnen Jahrgänge künstlerisch umsetzen. Jahr für Jahr überzeugen Klevner Kritt, Muscat Clos Rebgarten, Tokay-Pinot gris Moenchberg, Gewürztraminer Kritt und die Rieslinge von Kastelberg, Moenchberg und Wiebelsberg.

Robert Mattern et Fils
Kosten Sie seine Rieslinge Moenchberg und Wiebelsberg und den Gewürztraminer Kusterhof.

Guy Wach/Dom. des Maronniers
Qualitätsbewußter Erzeuger mit probierenswertem Sylvaner, Tokay-Pinot gris und Riesling Kastelberg.

ANDLAU

In Mittelbergheim macht die Weinstraße einen Schwenk in Richtung der Vogesen und des reizvollen alten Städtchens Andlau, inmitten von Weinbergen in einem geschützten Tal gelegen. Von seiner Gründung im Jahr 880 erzählt eine Legende. Danach war der Kaiserin Richardis ein Engel erschienen und hatte ihr aufgetragen, ein Kloster an der Stelle zu errichten, die ihr eine Bärin kundtun würde. Die Bärin zeigte sich mit ihren Jungen in dem Tal, wo noch heute die ehemalige, um das Jahr 1000 erbaute Abteikirche mit der Krypta der heiligen Richardis steht. Sie ist allein schon wegen des 30 Meter langen Skulpturenfrieses mit Fabelwesen einen Besuch wert.

Andlau kann sich auch einiger exzellenter Weine rühmen. Auf dem felsigen Boden ist der Riesling in seinem Element. Die drei Grands crus Kastelberg, Moenchberg

(einst im Besitz von Benediktinern) und Wiebelsberg bringen manch schön gealtertes Exemplar hervor. Im Mai veranstaltet die Confrérie des Hospitaliers du Haut d'Andlau eine Degustation aller Grand-cru-Weine der Gegend. Eine Reihe guter Erzeuger bringt auch köstliche Tropfen aus Gewürztraminer und Tokay-

Pinot gris auf den Markt. Halten Sie im Ort Ausschau nach der Weinhandlung, die von der Frau von Marc Kreydenweiss geleitet wird, einem der eigenwilligsten Erzeuger Andlaus und bekannt für seine herausragenden *vendanges tardives*. Unter dem Namen Kritt bietet er einen spätgelesenen Pinot blanc, der wegen der Rebsorte nicht als *vendage tardive* verkauft werden darf.

Vor der Weiterfahrt nach Itterswiller bietet sich ein kurzer Abstecher zu den Ruinen der gotischen Burgen Haut-Andlau und Spesbourg hoch in den Vogesen an. Man erreicht sie über die D 245 in Richtung Hohwald, wobei man zugleich eine Pause in einer *ferme-auberge* einlegen kann.

Oben: *Die Methoden der Elsässer Weinherstellung haben sich im Laufe der Jahre wenig verändert.*

Links oben: *Der felsige Boden von Andlau ist für den Anbau von Riesling bestens geeignet.*

Links: *Eine typische Andlauer Straßenlaterne mit Ornamenten.*

VINS
D'ALSACE

Links: *Itterswiller zwischen seinen prachtvollen Weinbergen am Südhang des Kirchbergs hat eine für den Weinhandel günstige Lage.*

Oben: *Viele bleiben wegen seiner Blumenpracht in dem Ort hängen, der eigentlich nur aus einer einzigen langen Straße besteht.*

ITTERSWILLER

Auf einer Felskuppe gelegen, ist Itterswiller nicht zu verfehlen. Die hübsche und freundliche Ortschaft römischen Ursprungs besteht im wesentlichen aus einer größeren Hauptstraße entlang dem Hügelkamm. Im Sommer sind die Häuser mit Körben voller Blumen geschmückt. Es gibt vier Hotels und drei Restaurants.

Hier können Sie einen exzellenten Pinot noir kennenlernen, wie ihn Justin Schwartz herstellt, und den Crémant d'Alsace der Domaine Kieffer.

Von Itterswiller gelangt man in östlicher Richtung auf die Route nationale und nach Epfig. Vier oder fünf Kilometer abseits der Weinstraße hat sich eine Handvoll kleiner Winzer niedergelassen, die ihre Erzeugnisse selbst abfüllen. Einer von ihnen, André Ostertag, stimmt auf seinen zehn Hektar Rebsorte und Bodenart sorgfältig aufeinander ab und erzielt so konzentrierte, stilvolle Gewürztraminer, Rieslinge und Pinot-blanc-Weine. Auch macht er den besten Riesling vom Grand cru Muenchberg im nahen Nothalten.

Um diesen Ort zu erreichen, fahren Sie zurück nach Itterswiller und von dort die D35 hinunter. Itterswiller, Nothalten und Blienschwiller liegen nur einige Kilometer auseinander, und an beinahe jedem Haus sieht man ein Schild oder ein Faß – ein Hinweis darauf, daß die Weinbereitung hier eindeutig den Haupterwerb darstellt. Viele Erzeuger besitzen Rebflächen in einem oder mehreren dieser Orte. Der 18 Hektar große Grand cru Muenchberg in Nothalten ergibt exzellente Rieslinge. Kosten Sie den Riesling Muenchberg und den Muscat Petite Fleur des lokalen Erzeugers Julien Meyer. In Blienschwiller sollten Sie den Cave de la Dîme ausfindig machen, wo Sie einen in Eiche ausgebauten Pinot noir modernen Stils probieren können.

ITTERSWILLER

HOTEL

Hôtel Arnold
Tel. 88 85 50 58
Angenehmes Hotel. Einige Zimmer mit herrlicher Aussicht. Großes, reich mit Blumen geschmücktes Restaurant im Nachbarhaus. Echte Elsässer Küche, u.a. *baeckeoffe* und *choucroute*. Zimmer 450 FF. Menü ab 200 FF.

EMPFOHLENE ERZEUGER

Domaine Kieffer
Kerniger Gewürztraminer; ansprechender Crémant.

Justin Schwartz
Einer der Spitzenerzeuger des Ortes. Exzellenter Pinot noir und vorzüglicher Tokay-Pinot gris.

EPFIG

EMPFOHLENE ERZEUGER

Patrick Beyer
Weiche, frische, fruchtige Sylvaner, Pinot blanc, Gewürztraminer und Pinot noir Rosé.

André Ostertag
Talentierter Erzeuger, dessen Qualitätsweine das *terroir* seiner 9 ha in Epfig, Nothalten und Itterswiller widerspiegeln. Verkostenswerte Produkte: Sylvaner Vieilles Vignes, Pinot blanc, Gewürztraminer, Muskat, Rieslinge Fronholtz und Vieilles Vignes, Tokay-Pinot gris Muenchberg sowie Riesling Heissenberg.

NOTHALTEN

EMPFOHLENE ERZEUGER

Gérard Landmann
Riesling Muenchberg.

Julien Meyer
Fabelhafter Sylvaner Zellberg, außerdem Muscat Petite Fleur und Riesling Muenchberg.

BLIENSCHWILLER

EMPFOHLENE ERZEUGER

Marc Auther
Spezialisiert auf feine Rieslinge.

Domaine de la Tour
Guter Tokay-Pinot gris Vendange Tardive.

Cave de la Dîme
Spezialitäten: Riesling Réserve de la Dîme, Gewürztraminer Winzenberg und in Eiche ausgebauter Pinot noir.

René Kientz
Bekannt für seinen guten Crémant d'Alsace.

Pierre Sperr
Fetter, fruchtiger Pinot noir.

DAMBACH-LA-VILLE

Nur fünf Autominuten südlich von Blienschwiller liegt an der D35 das hübsche, befestigte Städtchen Dambach-la-Ville mit drei mittelalterlichen Toren. Dambach hat eine wunderschöne Altstadt mit einer Fülle von historischen Zeugnissen; mit die größte Attraktion sind dabei die aufsehenerregenden Fachwerkhäuser. Seine Einwohner sind stolz darauf, mehrfach den jährlichen Wettbewerb Villes et Villages Fleuris gewonnen zu haben.

Mit über 500 Hektar Rebflächen ist das frühere Dambach-la-Vigne die größte und wahrscheinlich bedeutendste Weinbaugemeinde im Bas-Rhin. Neben einer Reihe renommierter Produzenten ist hier eine Genossenschaft ansässig, die Cave Coopérative, der über 90 Winzer angeschlossen sind. Die Kooperative ist eine der originellsten im Elsaß. Anfang des Jahrhunderts gegründet, diente sie ursprünglich lediglich als Weinlager für jene Erzeuger, die auf ihren Gütern nicht genügend Lagerraum zur Verfügung hatten. Nach dem Zweiten Weltkrieg konzentrierte sie sich auf ihre eigentlichen Aufgaben, die Weinverarbeitung und den Vertrieb. Daneben gibt es hier auch kleinere Familienbetriebe, die jeden weininteressierten Besucher gerne willkommen heißen.

DAMBACH-LA-VILLE

HOTELS

Au Raisin d'Or
Tel. 88 92 40 08
Angenehmes kleines Hotel mit ländlichem Flair im Besitz eines Winzers. Einfach möblierte, saubere Zimmer. Im Restaurant gute regionale Küche. Zimmer 200 - 250 FF.

Le Vignoble
Tel. 88 92 43 75
Kleines, intimes Hotel in einem alten Gebäude. Zimmer 220 - 300 FF.

RESTAURANTS

A l'Arbre Vert
Tel. 88 92 42 75
Einfaches Lokal, zu empfehlen *choucroute*, *baeckeoffe* und *tarte flambée*.

Tearoom Kamm
Tel. 88 92 40 65
Pâtisserie mit angeschlossener Teestube. Ideal für ein spätes Frühstück oder den Nachmittagstee. Frische Croissants, *kugelhopf*, Kleingebäck und Obstkuchen.

Rechts: *Die Gemeinde war einst von Tannen umgeben, heute bestimmt die Mandelblüte das Erscheinungsbild des alten Festungsortes.*

Der einzige Grand cru Dambachs – Frankstein – ist leicht auszumachen: Gleich daneben steht die 600 Jahre alte, weißgetünchte Sebastianskapelle, in der es einen herrlichen, holzgeschnitzten Barockaltar zu sehen gibt.

Ein *sentier viticole* führt in einem anderthalbstündigen Spaziergang durch die Weinberge um Dambach. Auf den Granithängen der Vogesen werden vor allem Riesling, bekannt für sein Alterungspotential, sowie Gewürztraminer mit vollem Charakter und einer besonderen Würze angebaut;

Oben: *Auf den Hängen von Dambach-la-Ville, früher als Dambach-la-Vigne bekannt, wachsen einige der besten Weine des Bas-Rhin.*

Rechts: *Im 19. Jahrhundert nahm die Weinlese im Elsaß von Dieffenthal seinen Ausgang. Dieses Gemälde zeigt, wie ernst die Bewohner ihr Geschäft nehmen.*

VERANSTALTUNGEN

Fête du Vin – Anfang August.
Les Joyeux Vignerons de Dambach-la-Ville – Konzert des örtlichen Orchesters unter Leitung von Winzer Louis Hauller.

EMPFOHLENE ERZEUGER

Pierre Arnold
Hervorragender Riesling ohne Prädikat und Riesling Frankstein.
Jean-Claude Beck
Pinot blanc, Riesling Frankstein und Gewürztraminer Fronholtz.
Laurent Dietrich & Fils
Riesling, Gewürztraminer, Pinot blanc und Pinot noir.
Jean-Louis Dirringer
Exquisiter Crémant, köstlicher Muskat.
Louis Gisselbrecht
Solide Weine, u.a. Riesling Frankstein, Sylvaner, Pinot blanc und Edelzwicker.
Willy Gisselbrecht & Fils
Seine Erzeugnisse werden regelmäßig prämiiert. 15 ha in Dambach-la-Ville, Scherwiller, Dieffenthal und Châtenois; Zukauf erheblicher Traubenmengen. Gewürztraminer und Tokay-Pinot gris sind die Spitzengewächse, Augenmerk verdienen auch Sylvaner, Pinot blanc und Riesling Frankstein.
J. Hauller & Fils
Ehemals Genossenschaftler, jetzt *négociant*. Spitzenrieslinge und -gewürztraminer vom Grand cru Frankstein, Sylvaner Réserve von Granitböden sowie außergewöhnliche Rieslinge und Gewürztraminer (Cuvée Saint-Sébastien), besonders die *vendanges tardives*.
Louis Hauller/Domaine du Tonnelier
Erstklassiger Klevner und Gewürztraminer Frankstein. Feiner Riesling Fronholtz und Winzenberg, außerdem Pinot noir.
Hubert Metz
Gewürztraminer Breitstein.
Ruhlmann-Dirringer
Charaktervolle Weine: verführerischer Muskat und Riesling Frankstein.
Schaeffer-Woerly
Vorzüglicher Pinot blanc, Muskat und Riesling Frankstein.

der beste entstammt dem *lieu-dit* Breitstein, doch findet man auch preisgekrönte Gewächse von Sylvaner und Pinot blanc, guten Edelzwicker und feinen Klevner.

DIEFFENTHAL

In dem nahegelegenen beschaulichen Dörfchen Dieffenthal bietet sich die Gelegenheit für einen Probeschluck vom Elsässer Pinot noir. Die geschützte Lage dieses Weinortes zwischen Scherwiller und Dambach-la-Ville hat ein wärmeres Mikroklima zur Folge, das die Reifung der Pinot-noir-Trauben begünstigt. Diese Sorte hat ansonsten in nördlicheren Gegenden Schwierigkeiten damit, sich optimal zu entwickeln. Die hiesigen Weinberge indes sind derart günstig gelegen, daß sie mitunter sogar zu den Spitzenlagen im Elsaß zählen. Aus den beiden Weinunternehmen Louis und Willy Gisselbrecht in Dambach-la-Ville kommt der Großteil des Weins, der aus Dieffenthaler Reben gekeltert wird.

DIEFFENTHAL

HOTEL/RESTAURANT

Les Châteaux
Tel. 88 92 49 13
Großes Hotel inmitten von Weinbergen gleich außerhalb des Ortes. Über 30 helle Zimmer mit schöner Aussicht. Restaurant, Bar, *winstub* (einfache Speisekarte, *choucroute au Riesling*, *tarte flambée* usw.) und *caveau*. Zimmer ab 400 FF.

Links: *Die Fachwerkhäuser in dem ruhigen Dieffenthal genießen den Schutz des Edesbergs.*

Rechts: *Burgruinen blicken auf Scherwiller hinab, für die Weinbauern die «Hauptstadt des Rieslings».*

SCHERWILLER

RESTAURANT

Winstub à l'Ortenbourg
Tel. 88 92 06 37
Unprätentiöses Restaurant im Besitz des Winzers Dussourt. Man bekommt *pâté fermier, filet de truite*, Salate, Steaks und abends *tarte flambée*.

REISETIPS

Art, Artisanat, Riesling – jährliche Veranstaltung am 1. Sonntag nach dem 15. August: Umzug, Markt, Probierstände und Musik.
Zwei ***sentiers viticoles*** durch die Weinberge von Scherwiller.

EMPFOHLENE ERZEUGER

André Dussourt
Der unternehmungsfreudige Winzer erzeugt auf seinen 8 ha in Blienschwiller, Scherwiller und Epfig 20 verschiedene Weine. Zu den besten gehören der prämiierte Riesling und Gewürztraminer Réserve Prestige. Guter Sylvaner, Pinot blanc und Tokay-Pinot gris.
Robert Haag
Rassiger Riesling Ortenberg.

CHATENOIS

EMPFOHLENE ERZEUGER

Bernhard Reibel
Weingut unter Leitung von Cécile Bernhard. Intensiver Riesling Weingarten und Tokay-Pinot gris Cuvée de la Saint-Hubert.
Gilbert Dontenville
Reifer Riesling Hahnenberg.

KINTZHEIM

RESTAURANT

Auberge Saint-Martin
Tel. 88 82 04 78
Behagliches Lokal an der Hauptstraße von Kintzheim. Die Spezialität des Hauses ist *tarte flambée*.

REISETIPS

La Montagne des Singes – Affenpark.
La Volerie des Aigles – Greifvögel in Volieren, bei gutem Wetter Dressurvorführungen.

EMPFOHLENER ERZEUGER

Jean-Marie Koehly
Exzellenter, in Eiche ausgebauter Pinot noir.

SCHERWILLER

Dort, wo die Weinstraße die Hügel verläßt und durch die Ebene auf Scherwiller zuläuft, ist das ideale Terrain für Radfahrer. Das Städtchen mit den Ruinen der Festungen Ortenbourg und Ramstein im Hintergrund hat eine malerische Altstadt mit Fachwerkhäusern und von Platanen flankierten Straßen mit Kopfsteinpflaster. Ganz ähnlich wie im Straßburger Viertel Petite France sind die Häuser von der Straße durch Flüsse getrennt, über die sich kleine Brücken spannen.

Erkundigt man sich nach den hiesigen Weinen, wird man auf den Riesling verwiesen. Er macht hier mehr als zwei Drittel der Produktion aus und gilt bei den Einheimischen als das Spitzengewächs. Sie gründeten sogar 1980 im Zuge der mit dieser Rebsorte erzielten Erfolge die Confrérie des Rieslinger. Im Sommer findet freitags ein langer Weinspaziergang mit Führer für Touristen statt. Anschließend können sich die Teilnehmer bei einer Weinprobe stärken.

Etwa fünf bis sechs Kilometer südlich von Scherwiller kommt man an eine Kreuzung. Hier kann man drei Wege einschlagen: Entweder geradeaus nach Châtenois oder nach rechts über die N59 nach Val-de-Ville und dann auf der kleinen D424 entlang der Giessen hinauf in die Vogesen nach Villé. Dort werden aus den verschiedensten wilden Beeren, die in den Bergen wachsen, *eaux-de-vie* hergestellt. Oder aber man biegt – und dies ist die dritte Möglichkeit – nach links auf die N59 ab und besichtigt Sélestat mit der eleganten Kathedrale, der gotischen Kirche und der Bibliothek aus dem 15. Jahrhundert.

CHATENOIS

Wenn Sie zuvor abgebogen sind, fahren Sie zur Kreuzung zurück und von dort auf der D35 nach Châtenois. Weiterhin dominiert der Riesling. Auf dem hiesigen Granitboden reift er zu großer Intensität; außerdem gedeiht hier ein guter Tokay-Pinot gris. Hinter der Hauptstraße, die breit wie ein Platz ist, gibt es Weinkeller zu besichtigen. Wenn Sie Zeit haben, schauen Sie sich die Kirche mit dem ungewöhnlichen bunten Turm und den vier Ecktürmchen an. Sie enthält eine Silbermann-Orgel und herrliche Holzschnitzereien.

Unten: *Châtenois und Scherwiller waren die ersten Orte im Elsaß, die Riesling anstelle von minderwertigeren Sorten wie Silvaner anpflanzten. Heute sind sie zu Recht stolz auf die Rolle, die sie bei der Qualitätssteigerung im hiesigen Weinbau gespielt haben.*

Oben: *Die imposanteste Burg des Elsaß, Haut-Koenigsbourg, reckt sich hoch über das Land und zieht viele Besucher an.*

ORSCHWILLER

REISETIPS

Musée du Vigneron
Weinmesse – um den 15. August.

EMPFOHLENE ERZEUGER

Claude Bléger
Prämiierte Weine von biologisch bewirtschafteten Weinbergen: Sylvaner, Pinot blanc, Riesling, Tokay-Pinot gris, Gewürztraminer und Pinot noir.

KINTZHEIM

Jetzt ist es Zeit für einen weiteren Abstecher, und zwar zur Haut-Koenigsbourg, der berühmtesten Festung im Elsaß. Von Kintzheim, südlich von Châtenois, steigt die D159 sechs Kilometer steil an. Bei klarem Wetter ist dieses eigenartige Bauwerk auf dem 755 Meter hohen Gipfel weithin sichtbar. Die Burg wurde auf Veranlassung Kaiser Wilhelms II. Anfang des Jahrhunderts wiederaufgebaut (das Elsaß war 1870 bis 1918 unter deutscher Herrschaft). Auf den ersten Blick besitzt sie den Zauber eines Märchenschlosses, ein Eindruck, den die wuchtige Bauweise aber schnell wieder verwischt.

Um an dem Besucherstrom zu diesem Baudenkmal zu partizipieren, hat das nahe Kintzheim (nicht zu verwechseln mit Kientzheim im Haut-Rhin) selbst einige Sehenswürdigkeiten eingerichtet: Die Volerie des Aigles am Fuß der

Burg zeigt allerlei Greifvogelarten, und in der Montagne des Singes kann man 300 Affen, die sich in dem bewaldeten Park frei bewegen, beobachten und füttern.

ORSCHWILLER

Kintzheim teilt sich eine Grand-cru-Lage, den Praelatenberg, mit dem kleinen Orschwiller, bekannt für seine rosa Barockkirche und die ungepflasterten Straßen. Der Winzer Paul Fahrer hat hier das kleine Musée du Vigneron eröffnet. Auf dem Praelatenberg reifen einige wunderbare Gewächse von Tokay-Pinot gris und Pinot noir; ebenso erwarten den Weinliebhaber exzellente aromatische Rieslinge.

Von Orschwiller ist es nur noch ein flotter Spaziergang bis zur «Grenze» zwischen den beiden Elsässer Departements Bas-Rhin und Haut-Rhin.

CV Orschwiller-Kintzheim
Zahlreiche gute Weine unter dem Markennamen Les Faîtières. Probieren Sie den Riesling.

Raymond Engel
Großes Weingut mit sehr zuverlässiger Qualität: Riesling, Gewürztraminer und Crémant.

Louis Siffert & Fils
Ausgezeichneter Riesling Praelatenberg, Gewürztraminer und Pinot noir.

A. Zimmermann Fils
Aromatischer Riesling Cuvée Geneviève.

Haut-Rhin

Unmerklich überfährt man die «Grenze» zwischen Haut- und Bas-Rhin. Historisch und politisch haben die beiden Departements bewegte Zeiten hinter sich, so wie auch das Elsaß als Ganzes immer wieder Gegenstand von Auseinandersetzungen zwischen Frankreich und Deutschland war. Heute gibt es kaum etwas, was die beiden trennt. Die Szenerie aber ändert sich: Die Vogesen sind stärker zerklüftet und höher, und die Reben müssen an steileren Hängen emporklettern.

Je höher die Gipfel, desto trockener das Land, das sie gegen die feuchten Westwinde abschirmen. Die langen, heißen, regenlosen Sommertage begünstigen die Entwicklung vollreifer, gesunder Trauben. In diesem Teil des Elsaß herrschen in der Tat Wachstumsbedingungen, wie man sie idealer in keinem anderen französischen Weinbaugebiet mehr findet. Dies erklärt die Qualität der hiesigen Weine und die große Zahl berühmter Erzeuger und Lagen im Haut-Rhin. Namen wie Hugel, Trimbach, Kuehn und Humbrecht sind es, auf denen sich der gute Ruf der Region heute stützt. Von hier kommt das Gros der erlesensten unter den klassischen reinsortigen Weinen des Elsaß, vor allem Gewürztraminer und Riesling.

Das Weinbaugebiet Haut-Rhin erstreckt sich nördlich und südlich von der zentral gelegenen Stadt Colmar – ein langes, schmales Band, das selten mehr als eineinhalb Kilometer breit ist.

Links: *Im Herzen des Elsaß halten die Vogesen oft wochenlang den Regen ab und schützen die Reben vor den feuchten Westwinden.*

Oben: *Seit Jahrhunderten setzen glückbringende Störche ihre großen Nester auf die Spitzen der höchsten Gebäude im Elsaß.*

SAINT-HIPPOLYTE

HOTEL

Aux Ducs de Lorraine
Tel. 89 73 00 09
Traditionsbewußtes, gastliches Haus. Komfortable, gediegen eingerichtete Zimmer. Großer, gemütlicher Speiseraum. Gehaltvolle regionale Küche. Die Weine kommen von dem privaten Familiengut in St-Hippolyte, Alsace Munsch (Leitung René Meyer). Zimmer 400, 1100 FF für ein Appartement. Menü 100 - 300 FF.

VERANSTALTUNG

Fête du Vin Nouveau – 3. Sonntag im September.

EMPFOHLENE ERZEUGER

Huber Bléger
Von zwei Familien geführtes Weingut. Spezialisiert auf würzigen, weichen Klevner und Rouge de St-Hippolyte.

SAINT-HIPPOLYTE UND RODERN

Nachdem aus der D35 die D1b geworden ist – schließlich sind wir jetzt in einem anderen Departement –, kommt man als erstes nach St-Hippolyte, zehn Kilometer nördlich von Colmar. Sein ungewöhnlicher Name leitet sich von dem römischen Märtyrer Hippolytus ab, dessen «Reliquien» um 800 hierher gebracht wurden. Das Stadtbild ähnelt dem so vieler befestigter Orte des Elsaß: Von einem alten Wachturm aus überblickt man die umliegenden Rebhänge, der Marktplatz ist umstanden von den traditionellen Fachwerkhäusern mit steilen Dächern und Giebelfenstern.

St-Hippolyte und das winzige benachbarte Rodern waren die ersten Orte im Elsaß, die sich mit ihrem Pinot noir einen Namen machten. Fragen Sie nach dem hiesigen Rouge de Saint-Hippolyte, einst in der Region ein recht berühmter Wein. St-Hippolyte besitzt mehrere namhafte Lagen, etwa den Schlossreben, auf dem mehrere Winzer beachtliche Rieslinge und Gewürztraminer anbauen.

Rodern hat beträchtliche Pinot-noir-Pflanzungen. Beide Gemeinden sind bis heute für ihre hochwertigen Rotweine aus diesen Reben bekannt. Sie sind weich und aromatisch,

Nördliches Haut-Rhin

—··—··—	Arondissement-Grenze
··—··—··	Kantonsgrenze
···—···—	Gemeindegrenze
FROEHN	Grand-cru-Lage
KAEFFERKOPF	Sonstige Spitzenlage
SPOREN	Grand-cru-Lage
	Sonstige Lage
	Wald
200	Höhenlinien im 20-Meter-Abstand
	Weinstraße

Kay

Oben: *Der majestätische Hauptplatz von St-Hippolyte, dem nördlichsten Weinort im Haut-Rhin.*

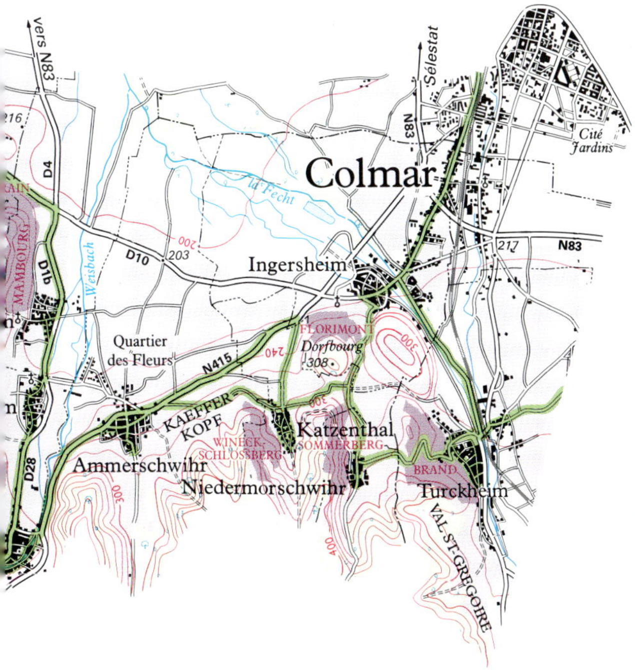

Jacques Iltis
Hochwertiger Rouge de St-Hippolyte und Riesling Schlossreben.

René Klein & Fils
Guter Riesling Schlossreben Sélection René Klein.

Klein aux Vieux Remparts
Zwei Önologen, Jean-Marie und Françoise Klein, leiten das kleine Unternehmen mit 8 ha in St-Hippolyte. Spezialitäten sind Riesling und Gewürztraminer vom Schlossreben sowie Tokay-Pinot gris vom Geisberg. Gute Auswahl an *vendanges tardives* und gealterten Weinen, außerdem ein in Holz ausgebauter Rouge de St-Hippolyte.

Müller-Koeberlé
Ausgezeichnetes Weingut mit 23 ha vor allem in St-Hippolyte, dazu einige weitere in Orschwiller und Rorschwihr. Ansprechender Rouge de St-Hippolyte, ausgezeichneter Tokay-Pinot gris Vieilles Vignes.

RODERN

VERANSTALTUNG

Fête de Pinot noir – 3. oder 4. Sonntag im Juli.

EMPFOHLENE ERZEUGER

Koeberlé-Klein
Qualitätsbewußter Winzer mit vorzüglichem Pinot noir und Tokay-Pinot gris Gloeckelberg.

Charles Koehly & Fils
Feine Weine von immenser Ausgewogenheit: Riesling Saint-Hippolyte, Tokay-Pinot gris Gloeckelberg, Gewürztraminer Altenberg de Bergheim, Crémant.

mit Kirschenfrucht, und werden manchmal in Eiche ausgebaut. Rodern hat auch die größten Anteile am Grand cru Gloeckelberg, wo ein stilvoller Tokay-Pinot gris wächst.

RORSCHWIHR

Zurück auf der Route du Vin, sieht man vor sich jenseits der Weinberge bereits die Dächer von Rorschwihr. Der freundliche Winzerort hat einige gute Lagen, die alle von dem landesweit und international sehr angesehenen Erzeuger Rolly Gassmann genutzt werden. Sein würziger Gewürztraminer, der fette Muskat oder auch der aromatische, manchmal geradezu luxuriöse Auxerrois, um nur drei seiner Köstlichkeiten zu nennen, zeigen, wie voll und ausdrucksstark Elsässer Weine geraten können.

BERGHEIM

Hinter Rorschwihr sieht man rechts der Straße die Grands crus Altenberg de Bergheim und Kanzlerberg. Sie gehören dem benachbarten Bergheim. Auf ihren Kalk- und Tonböden gedeihen exzellente, elegante Gewürztraminer und Rieslinge. Beide Weine profitieren von einer mehrjährigen Reifezeit. Jung getrunken werden dagegen die hiesigen feinen, erfrischenden Sylvaner.

Vor Hunderten von Jahren war Bergheim ein Hort der Halunken. Innerhalb der Stadtmauern waren sie vor Verfolgung sicher. Hexen und Magier waren indes nicht willkommen: Sie erlitten im Tour des Sorcières Folterqualen. Zum Glück für die Hexen gehört all dies jetzt der Vergangenheit an.

Hinter der Porte Haute, dem befestigten Stadttor Bergheims, erwartet den Besucher ein lebhaftes Treiben, besonders montags, wenn Markt ist. Auf dem reizvollen Marktplatz mit Kopfsteinpflaster und Barockbrunnen fallen sogleich das Hôtel de ville aus rotem Sandstein und die Kirche ins Auge. In ihrer Nähe befinden sich Weinkeller mit Verkostungsmöglichkeit für Interessenten.

Auf Unternehmungslustige wartet ein *sentier viticole*. Er beginnt nahe den Kellern von Bergheims bestem Erzeuger, der Domaine Marcel Deiss, wo Sie den körperreichen Pinot blanc und die hervorragenden Gewächse vom Altenberg de Bergheim probieren sollten.

RORSCHWIHR

EMPFOHLENER ERZEUGER

Domaine Rolly Gassmann
Insgesamt 17 ha in Rorschwihr, Bergheim und Rodern. Freundlicher Empfang bei einem international bekannten Erzeuger von Weinen außergewöhnlicher Qualität: voll, rund, aromatisch, weich und von erlesenem Stil. Muscat Moenchreben, Auxerrois und Sylvaner sind vorzüglich, ebenso die Rieslinge (phantastischer Réserve) vom Pflaenzerreben und Silberberg, die kräftigen, reinen Gewürztraminer, der Tokay-Pinot gris und der vollmundige Pinot noir.

BERGHEIM

HOTEL

Hôtel du Parc
Tel. 89 73 63 07
Landgasthof an der Route du Vin mit 15 gut ausgestatteten Zimmern. Bitten Sie um eines, das nach hinten liegt. Schlichter, altertümlicher Speiseraum. Relativ preiswertes, gutes Mittagessen (*feuilleté au Munster* mit Salaten der Saison). Menü um 250 FF.

Oben: *Diese »Vins d'Alsace« stammen wohl vom Pinot noir, der schon vor dem 4. Jahrhundert in St-Hippolyte angebaut worden sein soll.*

Rechts: *Impressionen einer Elsaßreise: eindrucksvolle Fachwerkhäuser und wunderschön gelegene Weinberge.*

RESTAURANT

Winstub du Sommelier

Tel. 89 73 69 99

Gemütliches Ambiente. Mittags und abends mit Sorgfalt zubereitete regionale Klassiker zu vernünftigen Preisen. Besitzer ist ein ehemaliger Sommelier der Auberge de l'Ill, die große Weinauswahl zeugt von entsprechendem Sachverstand. Manche Weine werden offen ausgeschenkt.
Menüs ab 200 FF (ohne Wein).

EMPFOHLENE ERZEUGER

Domaine Marcel Deiss

Moderner, dynamischer Familienbetrieb unter Leitung von Jean-Michel Deiss. Die 20 ha Rebflächen in Bergheim, Bennwihr, Rorschwihr, Beblenheim, Mittelwihr, St-Hippolyte und Riquewihr sind hauptsächlich mit Riesling und Gewürztraminer bestockt. Hochwertige Weine, zumeist aus eigenen Trauben: Gewürztraminer Altenberg de Bergheim und Riesling (Altenberg de Bergheim, Schoenenbourg, Engelgarten, Grasberg). Außerdem sauberer, frischer Sylvaner, guter Pinot blanc, Edelzwicker, Muskat und Pinot noir.

Gustave Lorentz

Knapp 30 ha in Bergheim und Zukauf großer Traubenmengen. Die Weine seines Hauses, auch unter dem Markennamen Jérôme Lorentz auf dem Markt, haben sich merklich verbessert und zeichnen sich durch Feinheit und viel Körper aus. Delikater Riesling und Gewürztraminer Altenberg de Bergheim, außerdem Riesling und Gewürztraminer Kanzelberg. Pinot blanc, Muskat und Riesling Cuvée Particulière sind ebenfalls exzellent.

Jean-Martin Spielmann

Rebbesitz auf beiden Grand-cru-Lagen. Weine mit Finesse und Eleganz: Gewürztraminer Altenberg, Riesling und Gewürztraminer Kanzlerberg; dazu Tokay-Pinot gris Blosenberg.

RIBEAUVILLE

HOTELS

Le Ménestrel
Tel. 89 73 80 52
Heitere Räume mit kleinen Balkonen im I. Stock. Sauna, Whirlpool, Türkisches Bad, Teestube. Zimmer 400 - 500 FF.

Les Seigneurs de Ribeaupierre
Tel. 89 73 70 31
Kleines, hübsch eingerichtetes und stimmungsvolles Hotel in einem Gebäude aus dem 17. Jahrhundert. Zimmer ab 460 FF (ab 500 FF für eine der 4 Suiten).

RESTAURANTS

Auberge de l'Ill
Tel. 89 71 83 23
Das Drei-Sterne-Restaurant, eines der erlesensten Frankreichs, liegt 15 Autominuten von Ribeauvillé entfernt. Das Essen ist ein Hochgenuß, und Frankreichs bester Sommelier kümmert sich um die passenden Tropfen. Auch Zimmervermietung. Menü: teuer.

Clos Saint-Vincent
Tel. 89 73 67 65
Hoch über dem Ort inmitten von Weinbergen gelegen. Sehr gute Küche; an Wochentagen bekommt man ein Mittagsmenü, das sein Geld durchaus wert ist. Zugleich Luxushotel (Preise beginnen bei 700 FF).
Menü um 200 FF.

La Flammerie
Tel. 89 73 61 08
Einfaches Restaurant an der Grand' Rue. Der *baeckeoffe* ist vorzüglich und reichlich, sehr lecker auch *tarte flambée*.

Hôtel Les Vosges
Tel. 89 73 61 39
Eine der besten Adressen der Gegend. Behagliches und zugleich elegantes Restaurant mit sehr aufmerksamer Bedienung und umfangreicher Weinkarte. Menü ab 180 FF.

RIBEAUVILLE

Die nächste Station ist Ribeauvillé. Jedes Jahr am ersten Septembersonntag ist die Stadt zum Bersten voll, wenn Einheimische und Besucher sich zum Pfifferdaj, dem Fest der Pfeifer, treffen. Der Wein fließt buchstäblich in Strömen – aus dem Marktbrunnen am Hauptplatz nämlich –, und Musikanten, Blaskapellen, geschmückte Wagen und der König der Pfeifer ziehen durch die Straßen und unterhalten die Menge.

Der Pfifferdaj ist eine jahrhundertealte Tradition. Ribeauvillé war im Besitz mehrerer Adelsfamilien, bis es im frühen 18. Jahrhundert an die Grafen von Ribeaupierre fiel. Diese stellten die Pfeifer unter ihren Schutz, die daher in Scharen nach Ribeauvillé kamen, um für ihre Gönner aufzuspielen. Die drei einstigen Residenzen derer von Ribeaupierre in den Hügeln über der Stadt – St-Ulrich, die größte und imposanteste, Burg Girsberg und Haut-Ribeaupierre – sind teils noch erhalten und zu besichtigen.

Links: *In den hübschen Straßen in Ribeauvillé erhält der kritische Käufer alles, was sein Herz begehrt.*

Ganz links: *Gleich außerhalb des farbenfrohen Dorfes führen stille Wege zu den bewaldeten Hängen der Vogesen.*

Ribeauvillé lohnt immer einen Besuch. In den Läden entlang den malerischen Kopfsteinpflasterstraßen bekommt man *charcuterie, pâtisserie* und bedruckte Stoffe, die hier hergestellt werden. Darüber hinaus gibt es in mehreren *winstuben* kulinarische Köstlichkeiten zu entdecken und unvergeßliche *eaux-de-vie* von Jean-Paul Metté, dem besten Destillateur des Elsaß, zu kosten. Überragend ist sein *eau-de-vie de framboise.*

Fast jede Straße wartet mit sehenswerten alten Häusern und Kirchen auf, hinreißend ist auch der Place de la Sinn. Halten Sie auf Ihren Streifzügen Ausschau nach orangefarbenen Schildern. Sie weisen Ihnen den Weg zu Weinkellern – und Ribeauvillé hat mehr als nur ein paar exzellente Erzeuger von europaweitem Renommé.

Die einstige Weinmetropole kann sich dreier Grand-cru-Lagen am Rande des Städtchens rühmen. Geisberg, Kirchberg und Osterberg bringen Rieslinge hervor, die phantastisch altern und die charakteristische Benzinnote

Zum Pfifferhüss
Tel. 89 73 62 28
Beinahe legendäre *winstub* mit Fachwerkfassade und schönem Gebälk. Ausschließlich regionale Gerichte.

VERANSTALTUNGEN

Weinmesse – 2. Julihälfte.
Fête du Kugelhopf – Anfang Juni.
Fête des Ménétriers – 1. Sonntag im September.

REISETIP

Töpferwaren – *Rue du 3 Décembre.*

EMPFOHLENE ERZEUGER

Bott Frères
Kleines Unternehmen mit eleganten Weinen aus eigenen Trauben. Die Spitzenweine – bemerkenswerter Muskat, Riesling, Tokay-Pinot gris und Gewürztraminer – kommen als «Cuvée Exceptionelle» in den Handel.

CV Ribeauvillé
Gegründet 1895, ist sie die älteste Weingenossenschaft Frankreichs. Die Liste ansprechender Weine wird angeführt von den Rieslingen Kirchberg und Osterberg sowie den Gewächsen vom Clos du Zahnacker. Sehr erfolgreich sind Pinot blanc und Pinot noir.

Robert Faller
Spezialitäten sind Riesling Giesberg und Gewürztraminer Kirchberg.

Henri Fuchs
Kleiner Erzeuger mit sehr beachtenswerten Weinen. Kosten Sie den Pinot blanc und Tokay-Pinot gris.

André Kientzler
Das Familienunternehmen mit 10 ha in Ribeauvillé gilt als eines der besten Weingüter des Elsaß. Mit einem hohen Maß an Integrität und Sachkenntnis werden hier einige außerordentliche Weine gemacht: Auxerrois K, Muscat Kirchberg, Riesling Geisberg, Riesling Osterberg. Probierenswert der reine Chasselas Osterberg.

Jean Sipp
Köstliche, äußerst alterungsfähige Weine auf allen Qualitätsstufen: Versuchen Sie den Edelzwicker, Riesling Kirchberg de Ribeauvillé und Tokay-Pinot gris.

und Intensität entwickeln. Unter den Topwinzern, die in Ribeauvillé ansässig sind oder Land besitzen, erzeugt Trimbach einen der feinsten Rieslinge der Region. Auch die anderen Edeltrauben gedeihen auf den Sandstein- und Mergelböden außerordentlich gut. So auch die eher genügsame Chasselas-Traube, seit alters eine Besonderheit in der Umgebung, die im 19. Jahrhundert für ihre *vins de paille* (Strohweine, süße Weine aus sonnengetrockneten Trauben) weithin berühmt wurde. Ebenfalls von historischem Interesse ist die Genossenschaftskellerei von Ribeauvillé, die älteste ihrer Art in Frankreich. Die interessanteste Spezialität des 1895 gegründeten Unternehmens ist der Clos du Zahnacker, eine Traubenmischung von uralten Reben.

Louis Sipp
Der Cousin von Jean besitzt 31 ha in Rodern, Bergheim und Ribeauvillé und macht langlebige, trockene Weine. Besonders zu empfehlen Pinot blanc, Riesling Kirchberg de Ribeauvillé und Gewürztraminer Osterberg.

Trimbach
Er besitzt 14 ha in Ribeauvillé, Bergheim und Hunawihr, hier u.a. den winzigen, herausragenden Clos Ste-Hune mit 1,3 ha. Seine duftigen, reinen, oft erhabenen und stets charaktervollen Weine haben Trimbach in ganz Europa und Amerika bekannt gemacht. Der Riesling Clos Ste-Hune ist der Inbegriff eines feinen Rieslings; auch andere seiner Weine aus eigenen Trauben – der herrliche Gewürztraminer Cuvée des Seigneurs de Ribeaupierre und der Riesling Cuvée Frédéric Emile – sind Klassiker ihrer Art. Preiswerter und dennoch von höchstem Standard sind die Réserves personnelles und Réserves wie Sylvaner Sélection, Pinot blanc, Muskat, Tokay-Pinot gris und Gewürztraminer.

Ganz oben: *Stapel von Weinkisten.*

Oben: *An dem steilen Felsen hinter dem Ort ragen die Burgruinen von Ribeaupierre aus dem Wald.*

Rechts: *In den drei Grand-cru-Lagen von Ribeauvillé erzeugt man einige der besten elsässischen Weine.*

Oben: *Über der engen Grand'Rue hängt ein typisches bemaltes Schild aus Schmiedeeisen.*

Unten: *Die nahe Carola-Quelle versorgt Restaurants und* winstuben *im ganzen Elsaß mit Mineralwasser.*

Rechts: *Die unvorstellbar steilen Straßen sind nur dank des traditionellen Kopfsteinpflasters begehbar.*

Unten: *Eine hübsche Einladung für Schmetterlingsliebhaber.*

HUNAWIHR

REISETIP

Parc des Cigognes – hier können Sie die inzwischen seltenen Störche in Ruhe beobachten.

EMPFOHLENE ERZEUGER

CV Hunawihr
Die absoluten Spitzenweine sind Crémant Calixite II, Muskat, Tokay-Pinot gris, Riesling Muehlforst und Rosacker sowie Gewürztraminer Windsbuhl und Rosacker.

Jean-Luc Mader
Aufstrebender kleiner Erzeuger. Feine Rieslinge, vor allem vom Rosacker. Probierenswert auch der Muskat.

Frédéric Mallo & Fils
Vornehme, weiche Weine: Muskat, Tokay-Pinot gris, Riesling Rosacker, Gewürztraminer Rosacker und Mandelberg.

ZELLENBERG

HOTELS

Au Riesling
Tel. 89 47 85 85
Moderneres Hotel mit 36 Zimmern, einige mit Blick über das Rheintal. Mit Restaurant. Zimmer ab 300 FF.

Le Schlossberg
Tel. 89 47 93 85
Das einzige Altstadthotel. Freundliche Atmosphäre; behaglich-rustikale Einrichtung, einige Zimmer mit Terrasse und Blick auf Riquewihr. Gemütlicher Speiseraum und Bar auf der anderen Straßenseite; es gibt gute einheimische Kost, *baeckeoffe* ist eine Spezialität; große Weinkarte. Menü ab 200 FF. Zimmer um 500 FF.

HUNAWIHR

Trimbach gehören auch Rebflächen in dem Dorf Hunawihr, das sich in ein Tal zwischen Ribeauvillé und Riquewihr schmiegt. Auf dem winzigen Clos Sainte-Hune, Teil von Hunawihrs einziger Grand-cru-Lage, dem Rosacker, baut Trimbach einen herrlichen Riesling an, der seine Tropfen aus Ribeauvillé noch in den Schatten stellt. Zwar ist der Clos Sainte-Hune den übrigen Weinen aus Hunawihr weit überlegen, doch wird man hier auch delikate Rieslinge und feine Gewürztraminer anderer Erzeuger entdecken.

In Hunawihr steht auch eines der bemerkenswertesten Bauwerke des Elsaß, eine Kirche, umgeben von einem dicken Schutzwall mit sechs halbkreisförmigen Bastionen. Sie wird von Protestanten und Katholiken genutzt. Die Zeiger der Turmuhr sind mit Trauben verziert.

ZELLENBERG

Von Hunawihr ist es nur ein kurzer Spaziergang hinauf nach Zellenberg. Der kleine, zwischen Weinberge eingebettete Ort, der im 9. Jahrhundert von Mönchen gegründet wurde, ist gerade dabei, mit seinem einzigen Grand cru, dem Froehn, seinen Ruf für exzellente Gewächse, insbesondere Riesling und Gewürztraminer, wiederherzustellen. Tonangebend ist dabei Jean Becker, der in seinem Familienunternehmen so vortreffliche Tropfen wie den Sylvaner F auf dem Froehn anbaut (als Grand cru darf er nicht deklariert werden – daher das «F» für «Froehn»).

Oben: *Das im 9. Jahrhundert von Mönchen gegründete Zellenberg ist das einzige elsässische Dorf auf der Spitze eines Berges.*

Links: *Aus diesem Brunnen aus dem 12. Jahrhundert soll einst Wein geflossen sein; zum Andenken an Ste Hunas wohltätige Werke ist er mit Blumen geschmückt.*

RESTAURANT

Maximilien
Tel. 89 47 99 69
Mit einem Michelin-Stern dekoriertes Restaurant. Moderne Küche in moderner Umgebung. Menü ab 200 FF.

EMPFOHLENE ERZEUGER

Jean Becker/Gaston Becker
Kleiner, alter Familienbetrieb mit 15 ha in Zellenberg, Riquewihr, Beblenheim, Ribeauvillé und Hunawihr. Mit seinem Engagement und Können hat das Haus viele Auszeichnungen errungen. Die ganze Palette von Stilrichtungen und Qualitätsstufen ist vertreten: Sylvaner F, Muscat Froehn und auch einfacher Muskat, Tokay-Pinot gris vom Rimeltsberg oder ohne Herkunftsangabe, Riesling Réserve und Hagenschlauf, würziger Gewürztraminer, ob vom Froehn oder ohne Angabe, sowie in Holz ausgebauter Pinot noir.

Jean Huttard
Riesling Lerchenberg, Muscat Réserve, Gewürztraminer Réserve.

Edmond Rentz
Ausgezeichneter Tokay-Pinot gris.

Oben, rechts oben und unten: *Das bezaubernde Riquewihr ist als Ensemble zur historischen Gedenkstätte erklärt worden. In dem lebhaften, farbenfrohen Dorf erwartet den Besucher hinter jeder Ecke eine Überraschung.*

RIQUEWIHR

Nach Zellenberg durchfährt man die Weinberge, biegt rechts auf die D3 und kommt nach Riquewihr. Was St-Emilion für Bordeaux, ist Riquewihr für das Elsaß. Es ging unbeschadet aus den Bombardements des Zweiten Weltkriegs hervor und hat, ansonsten eine Seltenheit, sein Gesicht seit dem 16. bis 17. Jahrhundert kaum verändert. Als Ensemble zum Denkmal erklärt, ist Riquewihr heute eines der beeindruckendsten Winzerstädtchen Frankreichs.

Es gibt zahlreiche Fachwerkhäuser zu sehen, alte Zisternen und Brunnen, prächtige Holzschnitzereien, Innenhöfe mit Kopfsteinpflaster und Galerien, herrliche Erkerfenster und Portale, kunstvoll bearbeitete Steintafeln, verwitterte Standbilder, bunte Schilder, Keller und Kirchen, eine Burg, Wehrtürme, Schutzwälle und überall Körbe voll bunter Blumen.

Der Reiz all dieser Attraktionen hat natürlich auch die Fremdenverkehrsindustrie auf den Plan gerufen. Vor allem im Sommer zieht der Ort Heerscharen von Touristen an. Planen Sie Ihren Besuch möglichst unter der Woche und dann am besten morgens ein. Zahlreiche Souvenirläden verkaufen Töpferwaren und selbstverständlich Wein. An der Rue du Général de Gaulle haben mehrere namhafte Winzer und Händler ihre Keller und Geschäfte. Manche betreiben auch eine *winstub*, in der man

RIQUEWIHR

HOTELS

La Couronne
Tel. 89 49 03 03
Moderner Komfort in einem alten Gebäude im Herzen Riquewihrs.
40 Zimmer ab 300 FF.

Le Riquewihr
Tel. 89 47 83 13
In den Weinbergen außerhalb des Städtchens gelegen. Rustikal eingerichtete Zimmer; Sauna.
Zimmer ab 275 FF.

Le Schoenenbourg
Tel. 89 47 01 11
Am Fuß des gleichnamigen Weinbergs neben der Auberge du Schoenenbourg (gleicher Besitzer). Geschmackvoll gestaltete Zimmer (45) mit allen Extras.
Zimmer 300 - 500 FF (neuer Flügel).

RESTAURANTS

La Table du Gourmet
Tel. 89 47 98 77
Konsequent im traditionellen Elsässer Stil eingerichtet. Die Küche bietet bekannte regionale Spezialitäten wie auch internationale Gerichte.
Menü ab 200 FF.

Le Sarment d'Or
Tel. 89 47 92 85
Im geschmackvoll gestalteten Speiseraum mit Gewölbedecke kann man sorgfältig zubereitete regionale Spezialitäten und gute Weine genießen. Die dreigängigen Menüs sind ihr Geld wert.
Zimmervermietung. Menü etwa 100 FF.

Auberge du Schoenenbourg
Tel. 89 47 92 28
Eines der besten Hotels der Region vor den Toren der Stadt. Das Interieur ist heiter und außergewöhnlich stilvoll. Frische Zutaten werden vorzüglich und mit Phantasie zubereitet. Gewöhnlich gibt es zwei Menüs unter 300 FF. Exzellente Weinauswahl, freundliche Bedienung.

Le Tire-Bouchon
Tel. 89 47 91 61
Winstub an der Hauptstraße mit gutem *choucroute* und *baeckeoffe*.

REISETIPS

Orgelkonzerte in der Kirche – an bestimmten Sonntagen im Sommer.
Son et Lumière – im Sommer Mittwoch und Freitag abends.
Briefmarkenmuseum – Ausstellung im Rathaus zur Geschichte des Post- und Fernmeldewesens im Elsaß, u.a. mit Hunderten von Briefmarken.
Tours des Voleurs, *Rue des Juifs* – im Diebesturm kann man die alten Verliese und die Folterkammer besichtigen.

EMPFOHLENE ERZEUGER

Jean-Jacques Baumann & Fils
Fähiger Erzeuger mit verschiedenen hochwertigen Rieslingen und Gewürztraminern; Riesling Schoenenbourg und Birgelé, Gewürztraminer Sporen oder auch ohne Lagenangabe.

Raymond Berschy
Kosten Sie den Pinot blanc, Muskat und Riesling.

Dopff & Irion
Große Exportfirma mit gut gemachten festen, trockenen Weinen. Die besten stammen von den hauseigenen 30 ha (vor allem in Riquewihr, aber auch in Zellenberg, Hunawihr und Kientzheim). Hierzu zählen Riesling Les Murailles,

die Weine nach traditioneller Art mit frischem Brot und Walnüssen kosten kann.

Riquewihr war offensichtlich immer wohlhabend, was auch der althochdeutsche Name »Reichenweier« andeutet. Seine Hochblüte erlebte das Städtchen im 16. Jahrhundert. Damals wurde ein Winzerverband zum Schutz der Weinqualität gegründet, der sich im Cour des Vignerons traf.

Die Qualität hat sich bis heute gehalten. Riquewihr ist Sitz einiger führender Elsässer Weinhändler und Winzer, darunter Dopff »au Moulin«, Spitzenerzeuger elsässischer Schaumweine, und Hugel & Fils, seit 1639 hier ansässig. Die Besucher von Hugels Kelleranlagen können ein riesiges Holzfaß aus dem Jahre 1715 bewundern.

Die Reben stehen meist auf sanften, sonnigen Abhängen. Der Boden ist nährstoffreich, und unterschiedliche Beschaffenheiten erlauben den Anbau verschiedener Sorten am jeweils günstigsten Standort. Riquewihr ist einer der Marktführer für Cuvées: Viele namhafte Häuser bringen Verschnitte vom Grand cru Sporen in den Handel (die Bestimmungen für Grands crus lassen das Verschneiden von Weinen dieser Lagen zu). Hugel besitzt große Anteile am Sporen – sein Gewürztraminer von dieser Lage hat Riquewihrs Weinruhm noch gemehrt.

Der Grand cru Schoenenbourg, die steilste und sonnigste Lage des Ortes, ist fast ausschließlich mit Riesling

Oben: *Die traditionellen hölzernen* hottes *(Kiepen) werden in die größeren* bennes *umgefüllt.*

Oben rechts und rechts: *Der Ort und sein reiches historisches Erbe ist im 2. Weltkrieg der Zerstörung entgangen.*

Ganz rechts: *Die Reben rund um Riquewihr wachsen auf Sand- und Mergelböden.*

Muscat Les Amandiers, Schoenenbourg sowie Gewürztraminer Les Sorcières und Sporen. Gute Crémants. Degustationsraum und Kellerbesichtigungen.

Dopff «au Moulin»

Einer der bedeutendsten Elsässer Produzenten, vornehmlich von Schaumweinen. Spitzen-Crémants sind Cuvée Julien, Wild Brut und Blanc de Noirs. Auf seinen 75 ha (29 davon in Riquewihr, der Rest in Colmar, Mittelwihr, Hunawihr und Kientzheim) erzeugt das Haus erlesene Gutsweine unter dem Namen Domaine Dopff, u.a. Riesling Schoenenbourg, Tokay-Pinot gris Réserve, Gewürztraminer Brand sowie einige vorzügliche Gebietsweine, etwa Sylvaner.

Hugel & Fils

Das Familienunternehmen mit 25 ha in Riquewihr (nur 0,4 ha in Zellenberg) gilt zu Recht als einer der besten Elsässer Erzeuger. Seine Weine sind füllig, geschmeidig und rund, und zwar vom unteren Ende der Qualitätsskala bis zur erlesensten *vendange tardive* und *sélection des grains nobles*. Diesen spätgelesenen Weinen verdankt Hugel einen Großteil seines Erfolges. Im übrigen umfaßt die Produktpalette aus eigenen und angekauften Trauben Edelzwicker (verschiedene Sorten), Pinot blanc Cuvée les Amours, Rieslinge (Tradition, Réserve und Cuvée Jubilée), Tokay-Pinot gris Cuvée Jubilée, Gewürztraminer, Verschnitte vom Sporen und in Holz ausgebauten Pinot noir.

Roger Jung

Unabhängiger Erzeuger mit einer Reihe feiner, charakteristischer Weine, die ausfindig zu machen sich lohnt: Rieslinge (Schoenenbourg und Sporen), Tokay-Pinot gris Rosenbourg, Gewürztraminer Sporen.

Philippe Leisbach

Köstlicher aromatischer Muskat und exzellenter Chasselas.

Mittnacht-Klack

Altes Familiengut mit Weinbergen in 5 Gemeinden. Zu empfehlen insbesondere die Grand-cru-Rieslinge und -Gewürztraminer sowie Muskat, Tokay-Pinot gris, die Rieslinge Saint-Ulrich und Muehlforst wie auch jene ohne Lagenangabe.

Preiss-Zimmer

Die Leitung hat zwar die Turckheimer Genossenschaft, doch stammen die reintönigen, trockenen, lebendigen Weine von den 9 ha, die noch immer Preiss-Zimmer gehören. Etwa 10% wird in Riquewihr verkauft. Die schönsten Gewächse sind die Rieslinge und Gewürztraminer. Achten Sie auf die Rieslinge Réserve Personnelle, Réserve Cuvée de Beaumont, Brand, Schoenenbourg und Sporen.

BEBLENHEIM

RESTAURANT

Le Bouc Bleu

Tel. 89 47 88 21

Kleines Restaurant mit bemalter Fassade. Originelle Küche. Menü ab 120 FF.

EMPFOHLENE ERZEUGER

Bott-Geyl

Kleiner Weinhändler mit knapp 13 ha Rebflächen in 5 Orten der Umgebung, von denen die meisten seiner Weine stammen. Kosten Sie den Pinot blanc, den Riesling Mandelberg und die Weine vom Sonnenglanz. Weinkeller mit alter Kelter und großen Eichenfässern.

CV Beblenheim

Qualitätsweine ohne nähere Bezeichnung zu angemessenen Preisen, z.B. Pinot blanc, guter Crémant und hochklassiger Gewürztraminer Sonnenglanz.

Jean-Paul Hartweg

Spitzengewächse sind Tokay-Pinot gris und Gewürztraminer vom Sonnenglanz.

bestockt. Seine herrlichen, reichen Gewächse stellen die hervorragende Alterungsfähigkeit dieser Rebsorte eindrucksvoll unter Beweis.

BEBLENHEIM

Reißen Sie sich los von Riquewihr, denn weiter südlich erwarten Sie noch einige der berühmtesten Weinorte des Elsaß und somit weitere großartige Tropfen.

Beblenheim liegt zwar nicht direkt an der Route du Vin, lohnt aber einen Besuch. An der Ortseinfahrt passiert man den Grand cru Sonnenglanz, einen der ersten beiden Weinberge, der 1935 wegen seiner außergewöhnlichen Weinqualität offiziell einen Sonderstatus erhielt. Auf der idealen sonnigen Lage reifen elegante, aromatische Gewürztraminer heran. Der beste Erzeuger des Ortes ist Bott-Geyl an der Rue Jean Macé. In seinen Kellern mit ihren großen Fässern und der alten Presse ist man der Gegenwart entrückt. Beblenheim ist auch der Geburtsort von Christian Oberlin, dem Gründer des Institute Viticole in Colmar. Er gilt als einer der Wegbereiter der Weinwirtschaft in der Region.

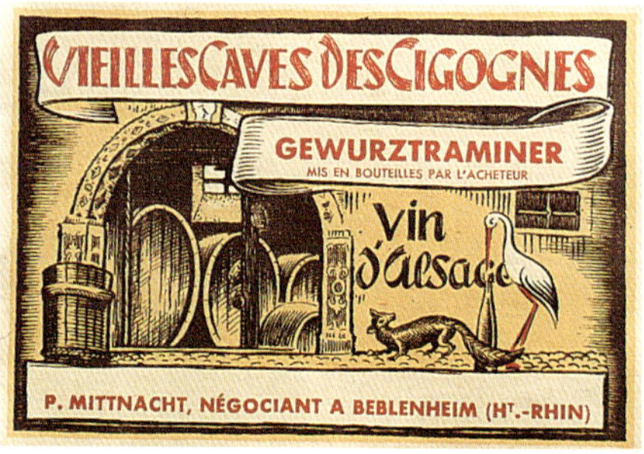

Links: *Das warme Mikroklima verleiht dem hiesigen Gewürztraminer seinen überraschend dezenten Charakter.*

Unten: *Spezielle Formen für den traditionellen Biskuitkuchen* kugelhopf.

Oben und links: *Die Wärme von Beblenheims Grand cru Sonnenglanz beeinflußt auch die dörfliche Atmosphäre; hier ist es leicht, gute Küche, guten Wein und gute Gesellschaft zu finden.*

MITTELWIHR

VERANSTALTUNG

Fête des Amandiers – 1. Sonntag im August.

EMPFOHLENE ERZEUGER

Jean Greiner
Familienbetrieb mit Rebbesitz auf dem Grand cru Mandelberg, wo der reiche Gewürztraminer Mandelberg entsteht.

Edgar Schaller & Fils
Erzeuger von trockenen Elsässer Weinen klassischen Stils, die gut altern. Exzellent die Rieslinge und der Crémant; Beachtung verdienen auch Gewürztraminer und Muskat.

MITTELWIHR UND BENNWIHR

Nur ein kurzer Weg ist es über die D1b nach Mittelwihr und Bennwihr. Daß beide im Zweiten Weltkrieg beinahe dem Erdboden gleichgemacht wurden, ist kaum zu glauben. Denn inzwischen sind sie wiederaufgebaut, und die wenigen original erhaltenen Gebäude des 16. Jahrhunderts unter den übrigen herauszufinden, ist gar nicht so leicht.

Eine Delikatesse von Mittelwihr ist die *mandeltarte*. Mit seinem extrem milden Mikroklima, das durch die schützenden Hügel und Berge auf drei Seiten des Tales entsteht, ist es der einzige Ort im Elsaß, wo Mandeln gedeihen.

Auch für Trauben bietet es ideale Voraussetzungen. Vor allem der Grand cru Mandelberg mit seinen Kies- und Kalksteinböden, wie sie auch in Beblenheim und Bennwihr

verbreitet sind, liefert vorzüglichen Gewürztraminer und Riesling. Die Gewächse vom Mandelberg sind langlebig und intensiv. Nehmen Sie sich für diesen Ort viel Zeit, denn es gibt eine Reihe önologischer Entdeckungen zu machen.

In Bennwihr waren die Kriegsschäden noch größer, auch die meisten seiner Weinberge wurden vernichtet. Die nach 1945 gepflanzten Chasselas-Reben werden seit den siebziger Jahren nach und nach ersetzt. Zur Finanzierung dieses umfangreichen Projekts gründeten die Winzer eine Genossenschaft, CV Bennwihr, heute eine der größten im Elsaß. Ihren Sitz hat sie am Rand des 45 Hektar großen Grand cru Marckrain, den sich der Ort mit dem benachbarten Sigolsheim teilt. Der Sylvaner wächst gut in Bennwihr und ergibt hier Weine von charakteristischem Aroma.

Philippe Scheidecker
Schöner Muskat ohne Lagenangabe und elegante Rieslinge.

J. Siegler Père et Fils
Altes etabliertes Unternehmen. Guter Tokay-Pinot gris.

Specht
Guter Muskat, Tokay-Pinot gris und Riesling Mandelberg.

Bernard Wurtz
Köstlicher, sehr angenehmer Riesling Mandelberg und beeindruckender Tokay-Pinot gris.

Jean-Jacques Ziegler-Mauler
Bemerkenswert sind Tokay-Pinot gris, Riesling Cuvée de la Toussaint und Gewürztraminer.

BENNWIHR

RESTAURANT

Relais Hansi
Tel. 89 47 80 31
Großes Restaurant im Besitz der Genossenschaft CV Bennwihr, in dem natürlich die eigenen Weine serviert werden. Regionale Küche von ansprechendem Niveau und zu akzeptablen Preisen.

VERANSTALTUNG

Fête du Vin – Mitte August.

EMPFOHLENER ERZEUGER

CV Bennwihr
Die Genossenschaft erzeugt Massenweine entsprechender Qualität und Preise. Zu den Spitzenerzeugnissen gehören u. a. Crémants, in Eiche ausgebauter Pinot noir und Gewürztraminer Vendange tardive.

Links: *Nach 17 Jahrhunderten seiner Existenz wurde Mittelwihr im 2. Weltkrieg fast völlig zerstört. Mittlerweile hat man jedes Gebäude originalgetreu wiederaufgebaut, und auch die Mandelbäume blühen wieder.*

Unten: *Zugespitzte Holzstangen für die Reberziehung.*

CRU DU MAMBOURG
CRU DU SCHLOSSBERG
CREMANT
sonnez

SIGOLSHEIM

Nach Sigolsheim gelangt man über die D1b, die etwa einen Kilometer außerhalb von Bennwihr an einer größeren Kreuzung nach rechts ins Weiss-Tal abbiegt. Die Straße folgt den Kurven der Hügel entlang der Weiss. Der rebenüberzogene Hang auf der rechten Seite ist der kalkreiche Grand cru Mambourg, der sich über 65 Hektar erstreckt und zu den größten Grands crus im Elsaß zählt.

Sigolsheim erlebte 1944 eine der blutigsten Schlachten des Krieges. Der ganze Ort einschließlich der Kirche St-Pierre-et-St-Paul und der Weinkeller mußte infolge der großflächigen Verwüstungen wiederaufgebaut werden – ein Werk, das mit größter Sorgfalt und viel Einfühlungsvermögen durchgeführt wurde.

Zur Zeit der Lese ist die Luft erfüllt von dem unverwechselbaren Hefegeruch gärenden Traubenmosts. Der Weinbau hat hier eine über tausendjährige Geschichte; die ersten Aufzeichnungen über Weinberge in Sigolsheim datieren aus dem Jahr 783. Die hiesigen Weinbauern führen das zum einen darauf zurück, daß der Mambourg ein solch warmes Mikroklima genießt und Sigolsheim außerdem Anteile am Grand cru Furstentum besitzt. Seit langem schon gedeihen hier Riesling, Gewürztraminer und Muskat ausgezeichnet, und mit dem Mambourg Tokay-Pinot gris von Ringenbach-Moser macht auch diese Rebsorte inzwischen von sich reden.

SIGOLSHEIM

RESTAURANT

Au Bon Coin
Tel. 89 78 22 33
Ruhiges Restaurant am Kirchplatz. Gute Fischgerichte wie gebackenes Karpfenfilet, aber auch *salade gourmande* mit *foie gras de la maison* und *brioche de foie gras de la maison*.

REISETIP

Soldatenfriedhof – oberhalb des Weinbergs Mambourg liegen 1590 Angehörige der Ersten Französischen Armee begraben.

EMPFOHLENE ERZEUGER

CV Sigolsheim
Das sehr große und gut ausgestattete Unternehmen existiert seit 1946. Reiche Auswahl an Weinen und Qualitätsstufen. Kosten Sie den Gewürztraminer Mambourg, Tokay-Pinot gris und Muskat.

Ringenbach-Moser
Kleiner Erzeuger, spezialisiert auf Gewürztraminer und Tokay-Pinot gris von eigenen Rebflächen und Trauben von Vertragswinzern. Der Tokay-Pinot gris ohne Lagenbezeichnung wie auch der vom Mambourg sind deliziös, ebenso der Pinot blanc.

Pierre Schillé & Fils
Zuverlässiger Familienbetrieb mit Weinbergen in mehreren Orten. Guter Pinot blanc und Gewürztraminer Mambourg.

Pierre Sparr
Seit über 300 Jahren macht die Familie Weine. Sie besitzt 30 ha in Sigolsheim und Turckheim und kauft von etlichen Winzern Trauben hinzu. Die Qualität ihrer Erzeugnisse hat sich seit den 80er Jahren erheblich verbessert. Sie sind reich, kräftig und eher fest als elegant. Zu empfehlen der Tokay-Pinot gris und verschiedene Cuvées, insbesondere von Gewürztraminer und Riesling. Außerdem exzellente Verschnitte und Crémants.

Großes Bild: *Die Rebzeilen spiegeln jede Bewegung der hügeligen Landschaft wider, was mit sich bringt, daß sie auch noch den kleinsten Sonnenstrahl einfangen.*

Links: *Nach seiner totalen Zerstörung im Januar des Jahres 1945 wurde dieses friedliche Dorf liebevoll wiederaufgebaut.*

KIENTZHEIM

HOTEL

L'Abbaye d'Alspach
Tel. 89 47 16 00
Ein ehemaliges Kloster verwandelte sich in ein Hotel mit typischem Elsässer Flair. Kein Restaurant.
Zimmer 220 - 400 FF.

RESTAURANT

Château du Reichenstein
Tel. 89 47 15 88
Burg aus dem 15. Jahrhundert, 1955 - 1956 restauriert. Im ehemaligen Jagdsaal mit Gewölbedecke bekommt man klassische regionale Küche ebenso wie internationale Gerichte.
Menü ab 150 FF.

VERANSTALTUNG

Wein- und Folklorefest mit Umzug und Gratiswein für alle aus dem Brunnen – letztes Juliwochenende.

REISETIP

Musée du Vignoble et des Vins d'Alsace im Château de Kientzheim – zu sehen sind die Nachbildung eines alten Weinkellers, Gerätschaften für die Weinbereitung, eine Weinkelter von 1716, Flaschen, Gläser und Kleidung; geöffnet von Juli bis September.

KIENTZHEIM

Fährt man das Tal entlang der Montagne de Sigolsheim weiter hinauf, gelangt man nach Kientzheim. Erschrecken Sie nicht vor «Lalli», einer Fratzenskulptur, die Ihnen am Stadttor die Zunge entgegenstreckt.

Auf den klobigen Befestigungsmauern aus dem 15. Jahrhundert kann man ganz um das Dorf herumgehen. Sehenswert ist das Château de Kientzheim, das, nach dem Zweiten Weltkrieg in baufälligem Zustand, heute im Besitz der Confrérie Saint-Etienne ist. In den Brunnen sind auf allen Seiten Namen von Rebsorten eingemeißelt.

Hinter dem Ort, wo die Weinberge steil aufsteigen, führen zwei *sentiers viticoles* hinaus zu den Grands crus Schlossberg und Furstentum. Der Schlossberg erhielt 1975 als erste Lage im Elsaß Grand-cru-Status. Die Rieslinge und Gewürztraminer dieser Lagen (vor allem der Schlossberg

Links: *Das von Festungswällen umgebene Kientzheim aus dem 15. Jahrhundert liegt am Fuße des Weinbergs.*

Unten links und rechts: *Zwei Bilder, in denen der besondere Charme des Elsaß zutage tritt: der Torbogen eines hübschen Fachwerkhauses und ein alter Brunnen.*

Riesling von Blanck) wie auch der bekannte Weinberg Altenbourg haben wesentlich zum Ansehen Kientzheims beigetragen. Die besten Gewürztraminer kommen vom Mont de Sigolsheim, besonders von den Abhängen, die an die Rebflächen des Grand cru Furstentum stoßen; doch die berühmtesten sind immer noch die Gewürztraminer vom Schlossberg. Interessant ist auch die Tasache, daß die Tokay-Traube erstmals in Zusammenhang mit dieser Gemeinde erwähnt wurde. Sie tauchte erst im Jahre 1750 als Elsässer Gewächs auf; damals wurde ihr Anbau zum erstenmal in der Kientzheimer Lage Weinbach dokumentiert.

Einer der bedeutendsten Erzeuger ist Blanck / Domaine des Comtes de Lupfen. Die Familie Blanck bemüht sich sehr aufmerksam darum, ihre Rebsorten auf den dafür geeignetsten Böden anzupflanzen. Die gleiche Sorgfalt läßt man auch bei der Vinifikation walten. Die daraus entspringenden Weine strahlen eine unvergleichliche Reinheit und Zuverlässigkeit aus, und jeder einzelne von ihnen besitzt einen unverwechselbaren Charakter. Auch die Genossenschaftskellerei in Kientzheim ist dafür bekannt, daß sie stets mit ein paar sehr feinen Tropfen aufwartet.

EMPFOHLENE ERZEUGER

André Blanck & Fils
Von seinem kleinen Anteil am Grand cru Schlossberg kommt der exzellente Riesling Cours des Chevaliers; außerdem ein guter Gewürztraminer.

Paul Blanck/Domaine des Comtes de Lupfen
Die soliden, sehr reinen und höchst verläßlichen Weine spiegeln die Sorgfalt, die das dynamische Familienunternehmen im Weinberg und Keller walten läßt. Angeführt wird die lange Liste von den Grand-cru-Rieslingen. Spitzenprodukte sind auch Edelzwicker Cuvée des Comtes de Lupfen, Pinot d'Alsace, Klevner Réserve, Sylvaner Réserve, Muskat, Tokay-Pinot gris (Réserve Speciale, Patergarten, Altenbourg), Gewürztraminer Altenbourg und Pinot noir. Schöner Degustationsraum und Keller.

CV Kientzheim-Kaysersberg
Die hohen Ausstattungsinvestitionen in den 80er Jahren schlagen sich in einer verbesserten Qualität der Produkte dieser Genossenschaft nieder: ausgezeichnete, frische Crémants, Sylvaner, Weine von Pinot blanc, Tokay-Pinot gris und Muskat, Riesling Schlossberg, Gewürztraminer Kaefferkopf und Furstentum. Probierstuben in Kientzheim und Kaysersberg.

Oben: *Blumengeschmückte Fenster gehören im Elsaß zum Stadtbild.*

CONFRERIE SAINT-ETIENNE

Die Elsässer Weinbruderschaft ist äußerst aktiv. Von ihrem Hauptsitz im Château de Kientzheim aus organisiert sie Weinfeste und leitet das örtliche Weinmuseum.

Ihre Ursprünge liegen einige Kilometer weiter südlich in Ammerschwihr, dessen Honoratioren im 14. Jahrhundert einen freiwilligen Zusammenschluß zum Verkauf der Weine ins Leben riefen. 1561 erhielt dieser Verband die offizielle Anerkennung als Kontrollinstanz für Weinqualität. Ihre Hauptbeschäftigung aber scheint es nach wie vor zu sein, die detaillierte Organisation gesellschaftlich relevanter Ereignisse jeder Art zu planen und letztlich auch in eigener Regie durchzuführen.

Die Confrérie Saint-Etienne wurde im Jahre 1947 zu neuem Leben erweckt und ist heute eine angesehene Gesellschaft mit zahlreichen Mitgliedern in Dutzenden von Ländern. Ihr Ziel ist es, «alle Freunde des Elsaß, seiner Weine, seiner Küche und seiner Atmosphäre zusammen-

zuführen». Jedes Jahr hält sie im Elsaß mindestens vier Vollversammlungen ab, dazu werden aus besonderem Anlaß Treffen überall auf der Welt organisiert.

Ihren heutigen Namen erhielt sie, weil das jährliche Dinner traditionsgemäß am 26. Dezember, dem Tag des heiligen Stephanus (*St-Etienne*), stattfindet. Zu den großen Banketten kommen regelmäßig über 200 Teilnehmer in den kunstvoll restaurierten Speiseräumen zusammen. Die dabei kredenzten Weine tragen alle das Etikett der Confrérie mit Angabe der Sorte und des Jahrgangs, nicht aber des Erzeugers. Den sollen die Gäste selbst herausfinden.

Jedes Jahr verleiht die Bruderschaft im Rahmen einer speziellen Degustation das begehrte *sigille de qualité*. Nur fünf Gewächse dürfen pro Erzeuger präsentiert werden. Die Juroren begutachten die Reinheit und den Charakter, der die jeweilige Rebensorte und den Jahrgang auszeichnet. Das *sigille de qualité* ist nur zwei Jahre gültig, danach müssen die prämiierten Weine erneut vorgestellt werden.

Unten: *Traditionelle Korbflaschen und Körbe für die Aufbewahrung von Branntwein – für die Lese, die immer noch von Hand durchgeführt wird, verwendet man flachere Gefäße, damit die untersten Früchte nicht zerdrückt werden.*

KAYSERSBERG

HOTELS

A l'Arbre Vert
Tel. 89 47 11 51
Komfortables Hotel am Hauptplatz mit 20 Zimmern. Das Restaurant mit Terrasse davor ist äußerst gemütlich. Gutes Essen: köstlicher frischer Spargel zur Saison, probierenswert auch *truite au Crémant d'Alsace*. La Belle Promenade ist ein modernerer, luxuriöser Anbau mit 30 Zimmern.
Zimmer ab 300 FF. Menü ab 130 FF.

KAYSERSBERG

Nach Kientzheim passiert die Route du Vin auf dem Weg nach Kaysersberg die Domaine de Weinbach, ein besonders vornehmes *château* mit eigenem, ummauertem Weinberg, dem Clos des Capucins. Auf dieser 25 Hektar großen Lage erzeugt die Domäne Weinbach verschiedene außergewöhnlich lebendige Tropfen. Die besten Gewächse, die ausschließlich von dieser Lage kommen, einer der renommiertesten des Elsaß überhaupt, sind die intensiven Cuvée Théo Riesling und Cuvée Théo Gewurztraminer sowie der blumig-feine Tokay-Pinot gris Sainte-Cathérine. Dem ohne Grand-

Oben und rechts: *Kaysersberg, eines der hübschesten und einladendsten Weinstädtchen der Region.*

cru-Prädikat verkauften Riesling sagt man nach, daß er bei weitem besser sei als so mancher echte Grand-cru-Wein.

Die derzeit besten Lagen von Kaysersberg sind die steil abfallenden Weinberge Schlossberg und Bixkoepflé. Der bessere Schlossberg gehört freilich zum größten Teil verwaltungsrechtlich zur Gemeinde Kientzheim, und der Bixkoepflé ist nicht als Grand cru ausgewiesen, obwohl seine Gewürztraminer zu den feinsten Kaysersberger Weinen zählen. Der kleine Teil des Grand cru Schlossberg, der im Gemeindegebiet von Kaysersberg liegt, liefert einige wundervoll konzentrierte Gewürztraminer, insbesondere jene von Salzmann Thomann.

Kaysersberg liegt am Ende des Weiss-Tals. Es bildet den Anfangspunkt eines römischen Passes, der das Rheintal mit Gallien verband. Damals hieß es «Mons Caesaris» – Cäsarsberg –, woraus im Laufe der Zeit Kaysersberg wurde.

Oben: *Eine Schloßruine blickt auf Kaysersberg herab, eine stille Erinnerung an seine frühere strategische und politische Bedeutung.*

Links unten: *Vor dem Hintergrund der Vogesen drängt sich die Stadt um eine alte Brücke über die Weiß.*

Hôtel des Ramparts
Tel. 89 47 12 12
Ruhige Lage in Weinberg- und Waldnähe. Vor einigen Jahren komplett renoviert. Etwa 30 Zimmer ab rund 350 FF.

RESTAURANTS

Au Lion d'Or
Tel. 89 47 11 16
Beliebtes und belebtes Restaurant an der Grand'Rue. Ländliche Küche, bietet u.a. *choucroute* und Wildgerichte in der Saison wie gefüllte Wachteln mit *foie gras*.
Menü ab 100 FF.

Chambard
Tel. 89 47 10 17
Großzügiges und stilvoll eingerichtetes Restaurant. Feine, originelle und schmackhafte Gerichte; äußerst aufmerksame Bedienung. Große Weinauswahl. Dazu 20 sehr komfortable Zimmer (ab 600 FF).
Menü ab 300 FF.

Mit seinen zahlreichen schönen Fachwerk- und Renaissancebauten und überragt von der verfallenen Burg, ist Kaysersberg ein elsässischer Ort wie aus dem Reiseprospekt. Von der alten Brücke über die Weiss, die das Dorf in zwei Teile trennt, hat man eine herrliche Übersicht über das Leben und Treiben im Ort. Und die Vogesen wiederum liefern die perfekte Kulisse für die mittelalterliche Szenerie.

Sehenswürdigkeiten des Ortes sind ein altes Badehaus, die herrliche Fassade des Rathauses aus dem 16. Jahrhundert und die Oberhofkapelle mit der aus dem 15. Jahrhundert datierenden Statue von Christus, der eine Traube in Händen hält. Die Rue du Général de Gaulle hat für Besucher, die sich gerne die Zeit für einen ausgedehnten Bummel durch das reizvolle Dorf nehmen, viel zu bieten: Geschäfte mit Andenken, Töpferwaren, regionalen Delikatessen, Weinen und verschiedenen nach Früchten duftenden *eaux-de-vie* einheimischer Provenienz.

REISETIPS

Eaux-de-vie-Museum – in der Brennerei von Lapoutrie, einige Kilometer weiter in den Vogesen gelegen.
Albert Schweitzer Museum – Ausstellung von Erinnerungsstücken an den Theologen, Philosophen, Musiker, Schriftsteller und Missionsarzt in dessen Geburtshaus.

EMPFOHLENE ERZEUGER

Faller/Domaine Weinbach
Das größte Weingut in Kaysersberg wird von Colette Faller und ihrer Familie geleitet, der der 25 ha große, ummauerte Clos des Capucins gehört. Die sehr reinen und verführerischen Weine von erlesenem Stil haben, entsprechend ihrer Qualität, auch ihren Preis: Sylvaner, Pinot blanc, Muskat, Rieslinge (Réserve Personnelle, Cuvée Théo, Cuvée de la Sainte-Cathérine und Schlossberg, Tokay-Pinot gris Cuvée de la Sainte-Cathérine und Gewürztraminer Cuvée Laurence.

Salzmann Thomann
Ansprechender Riesling und Gewürztraminer Schlossberg.

Links und links oben: *Der Reiz des Ortes wird in guten Jahren nur noch durch seinen verführerischen Gewürztraminer übertroffen.*

AMMERSCHWIHR

HOTEL

A l'Arbre Vert

Tel. 89 47 12 23

Saubere, schlicht möblierte Zimmer. Restaurant mit guter regionaler Küche. Zimmer bis 350 FF. Menü bis 230 FF.

RESTAURANT

Aux Armes de France

Tel. 89 47 10 12

Berühmtestes Restaurant des Elsaß. Riesige Weinkarte und köstliche Variationen klassischer Gerichte. Die *foie gras d'oie* und das *sorbet au Marc de Gewurztraminer* sollte man sich nicht entgehen lassen. Erstaunlich guter und preiswerter Riesling wird offen ausgeschenkt. Auch 10 Hotelzimmer. Menü ab 350 FF.

AMMERSCHWIHR

Jetzt macht die Route du Vin eine Spitzkehre hinunter zur Route nationale N415, die von St-Dié nach Colmar verläuft. Sie führt geradewegs durch Ammerschwihr, einer bedeutenden – und übrigens auch der größten – Weinbaugemeinde im Haut-Rhin.

Das alte Ammerschwihr, dessen Ursprünge auf das Jahr 869 zurückgehen und das die niederländische Königin Wilhelmina gern zum Malen aufsuchte, wurde 1944 weitgehend zerstört. Glücklicherweise hat man den Ort mit viel Sorgfalt und Fingerspitzengefühl wiederaufgebaut. Ein ehrfurchtgebietendes Kruzifix, das die Kämpfe unbeschadet überstanden hat, wird in der Kirche St-Martin aufbewahrt. Die Tours des Fripons und des Bourgeois, zwei der drei erhaltenen Wehrtürme, dienen heute als Probierstuben. Soweit man die Geschichte zurückverfolgen kann, hat Ammerschwihr immer etwas mit Wein zu tun gehabt.

VERANSTALTUNG

Weinmesse – Ende April.

EMPFOHLENE ERZEUGER

Adam
Volle, langlebige Weine: Tokay-Pinot gris Cuvée Jean-Baptiste, Riesling Kaefferkopf, Pinot noir.

Claude Dietrich
Vorzügliche Tokay-Pinot gris und Gewürztraminer von den Lagen Altenbourg und Vogelgarten.

Henri Ehrhart
Reiner, duftiger Gewürztraminer.

Jérôme Geschickt & Fils
Ansprechende Palette von Rieslingen und Gewürztraminern.

Henri et Joseph Heitzmann
Fragen Sie nach dem Riesling und Gewürztraminer Kaefferkopf.

Roger Klein
Besitzer des winzigen, nur mit Gewürztraminer bestockten Clos Meywihr auf dem Kaefferkopf. Besuchenswert.

Kuehn
Reine und elegante Rieslinge, Gewürztraminer Cuvée Saint-Hubert.

Domaine Martin Schaetzel
Reine, frische Weine. Beachtenswert Sylvaner und Gewürztraminer.

Maurice Schoech
Spitzenklasse: Tokay-Pinot gris, Riesling und Gewürztraminer vom Kaefferkopf.

Sick-Dreyer
Weine von großer Finesse.

Oben: *Ein unverwechselbares Symbol, aber auch eine humorvolle Einladung zum Weingenuß.*

Großes Bild: *Im berühmten Weinberg Kaefferkopf westlich des Ortes wird die Ernte eingefahren.*

Ammerschwihr ist nach Westen zur Rheinebene hin ausgerichtet, seine Weinberge erstrecken sich auf den Hängen hinter dem Ort. Der vorherrschende Kalksteinboden bringt nuancenreiche Gewürztraminer und Rieslinge von jugendlichem Charme hervor. Auf einem der besten Elsässer Grands crus aber, dem Kaefferkopf mit Granitboden, verwandelt sich der Riesling in einen erhabenen, intensiven Wein, der erst nach jahrelanger Alterung seine Reife erreicht.

Passend zu seinem Ruf als Lieferant einiger der größten Elsässer Rieslinge wie auch Gewürztraminer, beherbergt Ammerschwihr auch eines der Spitzenrestaurants Frankreichs, Aux Armes de France. Seine Holzbalken und der Innenhof mit Kopfsteinpflaster bilden den Rahmen für eine meisterliche Küche und einen beeindruckenden Weinkeller. Und der führende Erzeuger des Ortes, Kuehn, hat seine alten Gewölbekeller gleich nebenan.

KATZENTHAL

EMPFOHLENE ERZEUGER

Jean-Marc Bernhard
Kleiner Familienbetrieb mit guten Weinen, namentlich Muskat.

Jean-Paul Ecklé
Maßgebender Erzeuger mit Besitz auf dem Wineck-Schlossberg. Schön ausgewogene Weine: guter fruchtiger und reiner Muskat und feiner Riesling.

Klur-Stoecklé
Ausdrucksstarker Riesling Wineck-Schlossberg und ansprechender Gewürztraminer.

KATZENTHAL

Über die Route nationale kommt man geradewegs nach Ingersheim und weiter nach Colmar. Ebenso kann man aber die kleinen, kurvigen Straßen über die Hügel und durch die Weinberge wählen. Die Strecke führt durch den Kaefferkopf hinauf nach Les Trois Epis, einem Kurort mit mehreren Restaurants. An schönen Tagen kann man weit über den Rhein bis zum Schwarzwald sehen. Von dort geht es weiter zu dem kleinen, friedlichen Ort Katzenthal.

Die hiesige Spezialität ist *küchen*, ein köstlicher Zimtkuchen. Außerdem gibt es einige exzellente Weine. Die besten lokalen Rieslinge stammen von den steilen Hängen des Grand cru Wineck-Schlossberg. Ein Teil des Kaefferkopfs liegt auf Katzenthaler Gebiet, wo der Erzeuger Jean-Paul Ecklé meisterliche Rieslinge und Muskatweine anbaut.

Ganz links: *Das winzige Dorf Katzenthal versinkt fast in einem Blumenmeer.*

Links: *Niedermorschwihr kennt man heute vor allem durch seinen Riesling und Gewürztraminer.*

NIEDERMORSCHWIHR

Über gewundene Straßen gelangt man nördlich von Katzenthal durch den Grand cru Sommerberg nach Niedermorschwihr, einst im Besitz der Malteserritter. Jedes Jahr sind alle Häuser und der Brunnen vom späten Frühjahr bis in den Herbst mit bunten Blumen geschmückt.

Zwar liegt Niedermorschwihr für den Rebenanbau reichlich hoch, der Sommerberg aber ist relativ geschützt. Dieser Grand cru ist vor allem für seine Rieslinge bekannt, obwohl eine Reihe von Erzeugern, unter ihnen Albert Boxler, hier ebenso delikate Weine von Tokay-Pinot gris und Muskat anbaut.

Boxler ist einer von mehreren Winzern mit Anteilen an einem der namhaftesten Grands crus der Region, dem Brand im benachbarten Turckheim. Vor diesem Ort aber winkt noch Colmar, und unterwegs bietet sich ein kurzer Stop in Ingersheim an. Die meisten Weinbauern des Städtchens am Fuß des Grand cru Florimont sind der örtlichen Genossenschaft angeschlossen, die ein breites Spektrum von Weinen mit unverwechselbarem Charakter herstellt.

NIEDERMORSCHWIHR

HOTELS

L'Ange
Tel. 89 27 05 73
Sehr gepflegte Zimmer in altem Gebäude mit schönem Innenhof. Auch Restaurant. Zimmer ab 250 - 300 FF.

Kuehn
Ingersheim, Tel. 89 27 38 38
Phantasievolle Küche.
Zimmer 250 - 350 FF. Menü ab 150 FF.

RESTAURANTS

Caveau Morakopf
Tel. 89 27 05 10
Elsässer Spezialitäten und gute offene Weine zu akzeptablen Preisen.

Taverne Alsacienne
Ingersheim, Tel. 89 27 08 41
Breites Angebot an Gerichten sowie gute Elsässer Weine. Menü ab 100 FF.

VERANSTALTUNGEN

Erntefest – 1. Oktoberhälfte.
Dorffest Ingersheim – Ende August/Anfang September.

EMPFOHLENE ERZEUGER

Albert Boxler & Fils
Spitzenerzeuger, köstliche Weine. Die Rieslinge sind rein, elegant und alterungsfähig. Außerdem Tokay-Pinot gris Sommerberg und Brand, Gewürztraminer Brand und Muskat.

Justin Boxler
Verführerischer Riesling vom Brand.

CV Ingersheim
Riesling Steinweg und Sommerberg, Gewürztraminer Cuvée Sainte-Marguerite und Crémant.

Marcel Mullenbach
Weine von Qualität und Charakter.

Domaine Thomann *(Ingersheim)*
Feiner Riesling und Gewürztraminer vom Letzenberg *lieu-dit.*

COLMAR

Colmar liegt im Herzen des Haut-Rhin. Seine grandiose Altstadt würde man angesichts des dichten Industriegürtels drumherum kaum vermuten. Durch das holprige Kopfsteinpflaster der schmalen Straßen und die überhängenden hübschen Fachwerkhäuser mit ihren schmiedeeisernen Schildern fühlt man sich ins späte Mittelalter zurückversetzt.

Colmar kann man nur zu Fuß richtig kennenlernen. Durchstreifen Sie die schön restaurierten Quartiers des Tanneurs, versuchen Sie den Blicken der vielen Kopfmasken am 1608 erbauten Maison des Têtes standzuhalten, und nehmen Sie sich Zeit für das Musée Unterlinden, den «Louvre Colmars». Es befindet sich in einem ehemaligen Dominikanerkloster aus dem 13. Jahrhundert und bietet viel Sehenswertes, unter anderem einen Weinkeller mit dem typischen Kopfsteinpflaster als Boden.

Auf dem Wochenmarkt geht es lebhaft zu, wenn die Einheimischen ihr frisches Obst, Gemüse und Fleisch anpreisen und nebenbei auch gleich die letzten Neuigkeiten

COLMAR

HOTELS

Hôtel de la Fecht
1 rue de la Fecht, Tel. 89 41 34 08
Etwa 40 stilvoll eingerichtete Zimmer, zu Fuß von der Altstadt zu erreichen. Mit Restaurant. Zimmer ab 300 FF.

Hôtel Rapp
1 rue Weinemer, Tel. 89 41 62 10
In der Altstadt nahe dem Place Rapp. Etwa 40 gepflegte Zimmer ab 300 FF.

Hôtel Saint-Martin
38 Grand'Rue, Tel. 89 24 11 51
Ruhiges, komfortables Altstadthotel mit ländlichem Flair. Weite Preisspanne. Zimmer ab 375 FF.

Terminus Bristol
7 place de la Gare, Tel. 89 41 10 10
Traditionsreiches, solides Stadthotel mit 70 komfortablen, renovierten Zimmern. Auch ein vornehmes Restaurant. Zimmer ab 420 FF.

Ganz links: *Wie in Straßburg ist auch Colmars idyllischer Kanalbezirk unter dem Namen Le Petit Venice bekannt.*

Links: *Am Samstagsmarkt säumen die bunten Stände örtlicher Händler die Straßen.*

RESTAURANTS

Au Fer Rouge
52 Grand'Rue, Tel. 89 41 37 24
Kreative moderne Küche in einem besonders schönen Fachwerkhaus. Rechnen Sie mit stattlichen Preisen – wochentags kostet das Mittagsmenü über 200 FF. Abendmenü ab 350 FF.

Chez Hansi
23 rue des Marchands
Tel. 89 41 37 84
Schlichte *winstub*, mit Sorgfalt zubereitete elsässische Gerichte – ausgezeichnetes *choucroute* –, serviert von Kellnerinnen in traditioneller Tracht.
Menü ab 100 FF.

S'Parisser Stewwele
4 place Jeanne d'Arc,
Tel. 89 41 42 33
Gemütliche, bei den Einheimischen sehr beliebte *winstub*. Wundervolle regionale Gerichte aus frischen Zutaten lokaler Erzeuger, große Weinkarte und angemessene Preise.

Oben und rechts: *In Colmar, der Weinkapitale des Elsaß, findet man eine wunderbare Ansammlung von Fachwerkbauten aus dem 15. Jahrhundert.*

austauschen. Hinter den alten Fassaden verbergen sich zahlreiche exzellente Lebensmittelgeschäfte, Weinkeller und Restaurants. Genehmigen Sie sich in einem der Cafés ein Stück *kugelhopf*, bevor Sie in die Rue des Marchands eintauchen, eine der besten Einkaufsstraßen der Stadt. Hier steht an einer Ecke das vielleicht berühmteste und meistphotographierte Haus im ganzen Elsaß, das Maison Pfister, 1537 von einem Hutmacher aus Besançon errichtet. Ein fein geschnitzter Balkon, Medaillons und Wandmalereien zieren dieses Sandsteingebäude.

Wie Straßburg hat auch Colmar ein romantisches Kanalviertel, La Petite Venice. Viele Weinhändler ließen sich hier nieder, um ihre Waren über die Lauch zum Rhein und weiter nach ganz Europa zu verschiffen. So stieg die Stadt vor einigen Jahrhunderten zur Weinmetropole des Elsaß auf.

Sie ist es noch immer, heute aber eher wegen ihrer Institutionen. Neben einer Fachschule für Weinbau und dem Institut National de Recherches Agronomiques sind hier mehrere Verbände und Vereinigungen ansässig, unter anderem das Comité Interprofessionnel des Vins d'Alsace, eine

Links: *Fein gearbeitete schmiedeeiserne Straßenschilder weisen auf das lebhafte Dorfleben hin.*

Links unten: *Ein in Stein gehauenes Zifferblatt hat die Jahrhunderte fast unversehrt überlebt.*

nützliche Auskunfts- und Beratungsstelle. Colmar richtet auch jährlich im August die größte Weinmesse des Elsaß aus, die einwöchige Foire Régionale des Vins d'Alsace.

Über seine eigenen Weine gibt es heute wenig zu berichten, da sich Colmar schwerpunktmäßig auf die Industrie verlegt hat. Aus den ungefähr 350 Hektar Rebflächen hebt sich die Harth, nördlich der Stadt, heraus. Zwar ist der bedeutendste der hiesigen Weinberge zum Großteil unter Winzern und Genossenschaften benachbarter Gemeinden aufgeteilt, doch gibt es auch in Colmar eine Reihe von Erzeugern mit kostenswerten Tropfen. Schoffit bringt einen exzellenten Chasselas von der Harth auf den Markt, und Dopff «au Moulin» verwendet für seine erstklassigen Crémants viel Pinot blanc aus Colmar.

Schillinger
16 rue Stanislas, Tel. 89 41 43 17
Klassische Einrichtung, Küche mit sehr hohem Niveau. Beeindruckender Weinkeller mit Besichtigungsmöglichkeit. Menü ab 350 FF.

VERANSTALTUNG

Elsässer Weinmesse – in den ersten beiden Augustwochen.

REISETIPS

Wochenmarkt – samstags.
Musée Bartholdi, *30 rue des Marchands* – dem Bildhauer Bartholdi, Schöpfer der Freiheitsstatue, gewidmet.
Musée Unterlinden, *1 rue d'Unterlinden* – Sammlung von mittelalterlicher und Renaissancekunst; Gegenstände der Weinbereitung.
Comité Interprofessionnel du Vin d'Alsace *(CIVA)*
Maison du Vin d'Alsace
12 avenue de la Foire aux Vins
Tel. 89 41 06 21

EMPFOHLENE ERZEUGER

Robert Karcher & Fils
Landbesitz auf der Harth. Fragen Sie nach Tokay-Pinot gris und Gewürztraminer Harth.
Domaine Schoffit
Auf der Harth erzeugt der passionierte Winzer süffige, hochklassige Weine. Zu empfehlen vor allem der prämiierte Chasselas und Gewürztraminer. Außerdem Sylvaner, Pinot blanc und Muskat. Besitzer des berühmten Clos Saint-Théobald auf dem Grand cru Rangen in Thann, wo außergewöhnlicher Tokay-Pinot gris und Riesling entsteht.
Domaine Viticole de la Ville de Colmar
Verschiedene Erzeugnisse, u.a. Crémants in drei Stilrichtungen, dazu Gewürztraminer, Rieslinge und Weine von Tokay-Pinot gris. Rebflächen auf dem Clos Saint-Jacques in Colmar und in Nachbargemeinden.

Rechts: *Seit sechs Jahrhunderten ermahnt der Nachtwächter die Bewohner dieser befestigten Stadt allabendlich, auf ihr Feuer zu achten und die Lampen zu löschen.*

TURCKHEIM

HOTELS

Berceau du Vigneron
Tel. 89 27 23 55
Beste Lage am Place Turenne. Über 15 elegante Zimmer ab 250 FF.

Les Vosges
Tel. 89 27 02 37
Hotel mit Terrasse gleich hinter der Porte de France. Etwa 30 gepflegte Zimmer. Gutes Restaurant mit vornehmlich regionaler Küche.
Zimmer ab 270 FF.
Menüs ab 100 FF.

RESTAURANT

A l'Homme Sauvage
Tel. 89 27 56 15
Gutes Restaurant mit qualifiziertem und kreativem Koch.
Menü ab 150 FF.

VERANSTALTUNG

Weinfest – Ende Juli.

Oben: *Die modernen Schilder wirken an den alten Ladenfronten fast anachronistisch.*

TURCKHEIM

Über die D11 erreicht man Turckheim, fünf Kilometer östlich von Colmar am Eingang des Fecht-Tals gelegen. Aufgrund seiner strategisch wichtigen Lage wurde es Anfang des 14. Jahrhunderts befestigt. Eine glückliche Entscheidung, denn in den nachfolgenden Jahrhunderten erlebte es so manche Schlacht. Charme und Schönheit hat die auf einem dreieckigen Grundriß angelegte kleine Stadt dabei nicht verloren. Noch immer wird sie von drei wuchtigen Tortürmen bewacht – und von den Störchen, die Jahr für Jahr hier nisten, was im Elsässer Volksglauben Glück bringen soll.

Der vielleicht schönste Ort in Turckheim ist der Place Turenne hinter der Porte de France. Wenn Sie einen Abend hier verbringen, werden Sie um zehn Uhr den Nachtwächter erleben, der, wie in längst vergangenen Zeiten, mit seiner Laterne und Hellebarde durch das Städtchen geht und seine Einwohner singend warnt, «auf ihre Herde und Kerzen acht zu haben».

EMPFOHLENE ERZEUGER

François Baur Petit-Fils / Domaine Langehald
Exzellenter Gewürztraminer Brand.

CV Turckheim
Die Weine der Genossenschaft können sich mit denen vieler unabhängiger Erzeuger messen. Lassen Sie sich den vorbildlichen Pinot noir Cuvée à l'Ancienne nicht entgehen. Zu den besten der vielen Gewächse von den Grands crus Brand, Hengst und Heimbourg zählen Pinot blanc, Klevner, der Tokay-Pinot gris ohne Herkunftsangabe und der vom Heimbourg, Muscat Heimbourg, Riesling Brand und Heimbourg sowie Gewürztraminer Brand.

Auguste Hurst & Fils
Große Anteile am Grand cru Brand; hochwertiger Riesling, Gewürztraminer und Pinot noir.

Charles Schleret
Kleiner Erzeuger, bekannt für seine stets exzellenten Weine, vor allem Riesling, Tokay-Pinot gris und Gewürztraminer.

Domaine Zind-Humbrecht
Die Weine des Elsässer Spitzenerzeugers genießen wegen ihrer Qualität und ihres ausgeprägten Stils internationales Ansehen und werden regelmäßig ausgezeichnet. Vater Léonard und Sohn Olivier, die das Unternehmen gemeinsam leiten, sind von der spezifischen Prägung durch Boden und Mikroklima überzeugt. Ihr Besitz umfaßt 30 ha in den Toplagen des Haut-Rhin, 15 ha davon in Turckheim, der Rest in Wintzenheim, Thann, Gueberschwihr, Hattstatt und Pfaffenheim, darunter Anteile an 4 Grands crus und mehrere berühmte Clos. Hervorragende Produktpalette.

Eine Tradition Turckheims ist auch sein Pinot noir. Manche Bereiche des Grand cru Brand auf den steilen Südhängen jenseits der Stadt sind wahre Sonnenfallen. Hier finden rote Traubensorten die idealen Bedingungen vor, und so war der Brand lange Jahre hauptsächlich mit Pinot noir bestockt. Nach wie vor erzeugt unter anderem die örtliche Genossenschaft Weine aus dieser Rebe. Ganz außerordentlich ist ihre in Holz ausgebaute Cuvée à l'Ancienne.

Einst ein winziges Areal, hat sich der Brand allmählich auf die umliegenden Rebflächen ausgedehnt und umfaßt jetzt über 55 Hektar. Seine Bestockung hat sich drastisch geändert: Heute ist er für seine vollreifen, ausgewogenen Gewürztraminer und Rieslinge, für Muskat und Tokay-Pinot gris bekannt.

In Turckheim ist der Spitzenerzeuger des Elsaß ansässig. Zind-Humbrecht besitzt Land in mehreren Gemeinden, darunter Lagen auf dem Brand und dem berühmten Grand cru Rangen in Thann

Unten: *Das dreieckige Stadtbild von Turckheim mit seinem bekanntesten Weinberg Brand.*

sowie mehrere namhafte Clos. Die Gewächse der Domaine Zind-Humbrecht genießen internationales Ansehen, nicht zuletzt der wunderbar fruchtige Turckheim Pinot noir.

Ein weißer Rebensaft – der Gewürztraminer – aber ist es, der traditionsgemäß den Munster begleitet. Die Stadt, die dieser Käsespezialität ihren Namen schenkte, liegt ein Stück oberhalb der D417 im Fecht-Tal.

Rechts: *An den Fenstern halten geschnitzte Holzstatuen Wache.*

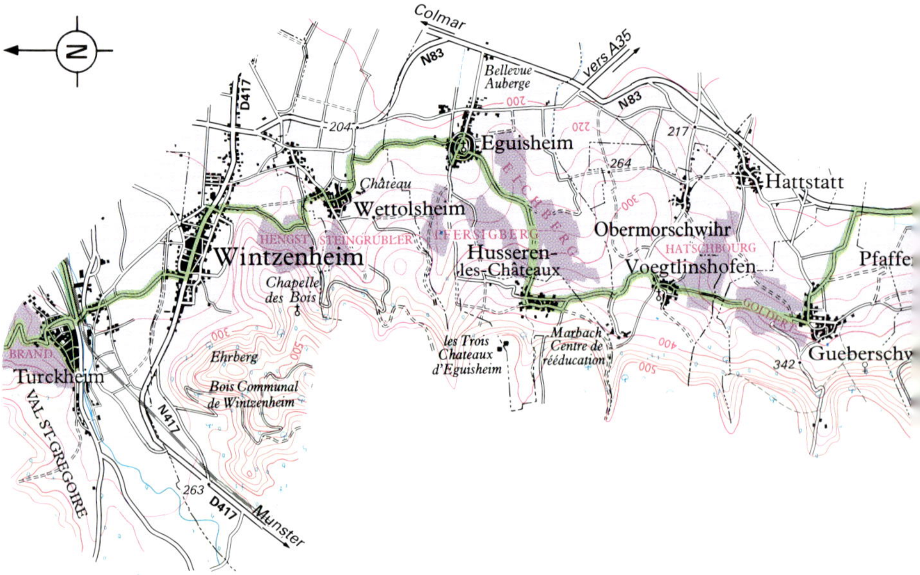

Südliches Haut-Rhin

–·–··–·–	Arondissement-Grenze	SPOREN	Grand-cru-Lage
···––···–	Kantonsgrenze		Sonstige Lage
····––····–	Gemeindegrenze		Wald
FROEHN	Grand-cru-Lage	200	Höhenlinien im 20-Meter-Abstand
KAEFFERKOPF	Sonstige Spitzenlage		Weinstraße

D18 bis
Château d'Isenbourg
Rouffach
Chapelle d'Oelberg
VORBOURG
Cernay
N83
Strangenberg
398
D18b
Westhalten
Ferme du Bollenberg
364
297
l'Ohmbach
ZINNKOEPFLE
481
265
Bergholtz
D5
D3b
Quirenbach Rissbach
Soultzmatt
PFINGSTBERG
Orschwihr
Bergholtz-Zell
SPIEGEL
KESSLER
SAERING
la Lauch
KITTERLE
D18b
Guebwiller
Heissenstein
Appenthal
1:90,000
Km. 0 1 2 Km.
Miles 0 1 Mile

WINTZENHEIM

RESTAURANT

Au Bon Coin
Tel. 89 27 48 04
Einfaches, rustikal eingerichtetes Lokal mit regionalen Köstlichkeiten, etwa Fisch in Rieslingsauce und Wildgerichten nach Saison. Menü ab 100 FF.

REISETIP

Spaziergänge zu den Ruinen der Châteaux Pflixbourg und Hohlandsbourg aus dem 13. Jahrhundert.

EMPFOHLENE ERZEUGER

Josmeyer
Das breite Angebot des kleinen Unternehmens zeugt von hohem Qualitätsbewußtsein. Eine gute Gelegenheit, erlesene Tropfen aus «gewöhnlichen» Trauben zu kosten, wie Pinot blanc, eine Spezialität des Hauses, Cuvée des Printemps, Les Lutins und Pinot-Auxerrois H (vom Hengst) sowie feinen Chasselas Vieilles Vignes. Unter den Edeltraubengewächsen sind die Rieslinge Le Kottabe und Hengst, Tokay-Pinot gris Cuvée du Centenaire und Gewürztraminer Hengst beispielhaft. Probieren Sie auch den Muscat Les Fleurons (ein Muskatverschnitt von verschiedenen Lagen).

Bernard Staehlé
Fabelhafter Crémant. Aufmerksamkeit verdient sein Spitzenriesling Cuvée Dame Blanche.

WINTZENHEIM

Fährt man das Tal wieder zurück zur D417, biegt die Route du Vin unterhalb des Bois Communal de Colmar rechts ab nach Wintzenheim.

Der Ort hat herrliche Fachwerkhäuser und einen malerischen Platz, der beherrscht wird von einer neoklassizistischen Kirche und dem Rathaus. Hinter dem Platz gibt es eine schöne *pâtisserie* und einen *salon de thé*. Hier kann man sich nach dem relativ anstrengenden Spaziergang durch die Weinberge hinauf zu den Ruinen des Château Pflixbourg aus dem 13. Jahrhundert und des einst so mächtigen Château Hohlandsbourg wundervoll erholen.

Der Weg schlängelt sich durch die berühmte Lage Hengst. Hier gedeihen reiche *vendanges tardives*, der vorherrschende Kalksteinboden bringt elegante, volle Gewürztraminer und vornehme Rieslinge hervor. Die Domaine Zind-Humbrecht baut auf dem Hengst die feinsten Grand-cru-Weine an, und Josmeyer erzeugt hier vorzügliche Tropfen aus Auxerrois und Pinot blanc, die, reinsortig oder als Verschnitt, gut zur einheimischen Küche passen.

WETTOLSHEIM

In der nächsten Biegung liegt Wettolsheim, wie das benachbarte Wintzenheim praktisch ein Vorort von Colmar. Wegen seiner zahlreichen römischen Funde nennt man Wettolsheim auch das «Pompeji des Elsaß».

Oben: *Detail eines riesigen Fasses mit kunstvollen Holzschnitzereien.*

Rechts: *Eine Tür, ein Rebstock und ein Traubenlesekorb, der auf dem Rücken getragen wird.*

Links: *Die früher bei der Weinlese verwendeten Pferdewagen wurden inzwischen längst von Traktoren abgelöst.*

Leider sind die Bauwerke aus seiner jüngeren Geschichte verschwunden. So etwa das Château de Martinsbourg, im 18. Jahrhundert Schauplatz einer großen Romanze zwischen dem italienischen Dichter Alfieri und der Gräfin von Albany, Gemahlin des letzten Stuart, Charles Edward.

Bestand hatte indes, was mit den Römern begann: die Weinbereitung. Auf den Hängen westlich Wettolsheims erstrecken sich über 200 Hektar Rebflächen (hauptsächlich Kalkstein- und Granitböden). Der Ort kann eine Reihe guter Erzeuger und einige bemerkenswerte Weine von Tokay-Pinot gris und Riesling vorweisen. Würzige, körperreiche Gewürztraminer schließlich haben den 19 Hektar großen Grand cru Steingrubler berühmt gemacht.

Wer sich selbst zum Winzer berufen fühlt, kann in einem Geschäft gegenüber der Auberge de Père Floranc Rebstöcke erwerben. Erwähnt sei noch die Nachbildung der Grotte von Lourdes, ein 1911 unter Erzbischof Schoepfer errichtetes hohes Gebilde, das sich inmitten der Fachwerkhäuser recht skurril ausnimmt.

WETTOLSHEIM

HOTEL/RESTAURANT

Auberge du Père Floranc
Tel. 89 80 79 14
Spezialitäten dieses in der ganzen Gegend bekannten Gasthauses sind 4 Arten von *foie gras* und *torte de cailles* (Wachteltorte). Umfangreiche Weinkarte. Etwa 30 Zimmer und Garten. Zimmer ab 300 FF. Menü ab 200 FF.

VERANSTALTUNG

Weinfest – letzter Julisonntag.

EMPFOHLENE ERZEUGER

Domaine Barmès Buecher
Eine gute Auswahl an Weinen aus den 15 ha betriebseigenen Rebflächen – einfache Tropfen, aber auch Grands crus von Herrenweg, Hengst und Steingrubler. Vom Steingrubler kommt der Spitzengewürztraminer. Weitere Erfolge mit Pinot blanc, Tokay-Pinot gris Herrenweg und den Rieslingen Herrenweg und Hengst.

Robert Dietrich
Kleinwinzer mit hervorragendem reichem und ausgewogenem Tokay-Pinot gris Steingrubler.

François Ehrhart
Hersteller von eindrucksvollen Gewürztraminern.

Albert Mann
Von seinen 12 ha, auf 6 hiesige Dörfer verteilten Rebflächen gewinnt A. Mann zuverlässige reiche, ausgewogene Klasseweine: Pinot blanc, Tokay-Pinot gris, Riesling Schlossberg, Gewürztraminer Steingrubler.

Aimé Stentz
Die besten Weine dieses Familienbetriebs sind der Muskat, der Tokay-Pinot gris und ein feiner Riesling Sommerberg.

Wunsch et Mann
Große, kräftige Weine von dieser Firma. Wählen Sie den Riesling und den Tokay-Pinot gris Cuvée Joseph Mann, den Riesling und Gewürztraminer Cuvée Saint-Rémy sowie den Gewürztraminer Hengst.

EGUISHEIM

HOTEL

Hostellerie du Pape
Tel. 89 41 41 21
Gut ausgestattete Zimmer ab 400 FF.
Menü ab 100 FF.

RESTAURANTS

Caveau d'Eguisheim
Tel. 89 41 08 89
Für ihr *choucroute* berühmte *winstub*. Viele Weine aus der Umgebung.
Menü ab 150 FF.

La Grangelière
Tel. 89 23 00 30
Hohes Niveau. Stilvolles Interieur.
Menü ab 170 FF.

S'Wenzer Stewla
Tel. 89 24 01 90
Regionale Gerichte und Weine vom Gut Zinck-Fuermann zu angemessenen Preisen.

Le Pavillon Gourmand
Tel. 89 24 36 88
Altes Fachwerkhaus. Einheimische Küche zu durchweg akzeptablen Preisen.
Menü um 100 FF.

VERANSTALTUNG

Fête des Vignerons – letzter Sonntag im August.

Rechts: *Motorfahrzeuge sind in den engen Kopfsteinpflasterstraßen verboten.*

Unten: *Trotz der modernen Plastikbehälter bevorzugen viele noch die hohen, geflochtenen* hottes *(Kiepen) für die Weinlese.*

EGUISHEIM

Von Wettolsheim fährt man zurück Richtung Route nationale. Vor der Kreuzung geht es rechts ab nach Eguisheim. Das Städtchen mit spätmittelalterlichem Flair ist eines der schönsten im Elsaß.

Im 15. Jahrhundert völlig zerstört, wurde es im darauffolgenden Jahrhundert komplett wiederaufgebaut. Um das Château d'Eguisheim wurden drei konzentrische Verteidigungsringe angelegt. Auf der äußeren Seite wirken die Mauern düster und abweisend, innen aber hinterlassen die Fassaden einen freundlichen Eindruck.

Zwischen der hübschen Rue des Remparts und den engen Gassen, gesäumt von schmalen, hohen Fachwerkhäusern, gibt es Plätze und Innenhöfe, die mit ihrer Blumenpracht, den bunt bemalten Fassaden und den kunstvollen Ladenschildern einander an Schönheit überbieten.

Das Château d'Eguisheim datiert aus dem 8. Jahrhundert. Hier ist Bruno d'Eguisheim, der spätere Papst Leo IX. (1048-1054), geboren. Zwar starb das einflußreiche Geschlecht der Grafen von Eguisheim Ende des 12. Jahrhunderts aus, seine Burg aber blieb erhalten und ist heute umfassend restauriert.

Die Orden und der Erzbischof von Straßburg kassierten die «Steuern» häufig in Form von Wein, denn die Gewächse aus Eguisheim waren weithin wegen ihrer Qualität berühmt. Sie wurden am englischen und niederländischen Hof kredenzt.

Wie eine grüne Decke überziehen die Rebflächen die Ausläufer der Vogesen hinter der Stadt. Ihre zwei Grands crus, Eichberg und Pfersigberg, sind berühmt für die Finesse und Eleganz, die zwei Edeltrauben hier erwerben: Auf dem Eichberg gedeiht wundervoller Gewürztraminer, während auf dem Pfersigberg bevorzugt Riesling wächst. Aber auch Tokay-Pinot gris und Muskat können hier vorzüglich geraten, und für *vendanges tardives* sind die Lagen wie geschaffen.

Die örtliche Cave Coopérative, CV Eguisheim, ist eine der größten Genossenschaften des Elsaß. Sie bietet einige exzellente Weine an. Zu empfehlen sind vor allem die unter eigenem Markennamen gehandelten Tropfen wie der Wolfberger, ein erfrischender, guter Crémant. Inzwischen wurde hier auch ein Restaurant eröffnet, so daß man die Weine zu den einheimischen Gerichten probieren kann.

Der ortsansässige Erzeuger Léon Beyer macht aufsehenerregende, feste Weine, die man unbedingt zum Essen trin-

Oben: *Der Turm des Château d'Eguisheim neben der Dorfkirche.*

Unten links: *Ein schmiedeeisernes Ladenschild, wie aus dem Märchenbuch entsprungen.*

EMPFOHLENE ERZEUGER

Maison Léon Baur & Fils
Kleine Parzellen auf 3 Grands crus in Eguisheim und Ammerschwihr. Probieren Sie den Riesling Cuvée Elisabeth Stumpf.

Léon Beyer
Vom Stil her feste Weine, u.a. ausladende Gewürztraminer und kraftvolle Gewächse von Tokay. Probierenswert sind auch Muscat Réserve, Riesling Les Ecailliers und Cuvée Particulière.

Luc Beyer
Der beste Tropfen ist der Riesling Pfersigberg.

CV Eguisheim
Die größte Genossenschaft des Elsaß. Konzentrieren Sie sich auf die Cuvées und Grands crus: Riesling, Tokay-Pinot gris, Gewürztraminer sowie Pinot noir Cuvée du Prince Hugo.

Joseph Freudenreich & Fils
Köstlicher Muskat und Gewürztraminer.

Paul Ginglinger
Hier paaren sich Talent und Traditionsbewußtsein. Exzellente Rieslinge und Gewürztraminer.

Pierre-Henri Ginglinger
Deliziöser Crémant und Gewürztraminer Eichberg.

Albert Hertz
Prämiierter, eleganter Pinot noir sowie exzellente Gemeinde- oder Eichberg-Weine: Riesling, Tokay-Pinot gris und Gewürztraminer.

Bruno Sorg
Tadellose Weine von großem Charme: Muscat Pfersigberg sowie Riesling und Gewürztraminer Florimont.

Antoine Stoffel
Gute, zuverlässige Weine.

ken sollte; er beliefert damit die erlesensten Restaurants in ganz Frankreich. Halten Sie auf den Weinkarten Ausschau nach seinem Gewürztraminer Eichberg und seinem klassischen Riesling.

HUSSEREN-LES-CHATEAUX

Auf der D14 gelangt man durch den Grand cru Eichberg nach Husseren-les-Châteaux. Es liegt auf 380 Meter und ist damit der höchstgelegene Ort im Elsaß. Einst bauten die Römer hier einen Aussichtsposten, verständlich, denn der Panoramablick weit ins Land ist noch heute atemberaubend. Auf dem drei Kilometer langen Weg hinauf in den Ort sieht man die Überreste der «Drei Exen», von den Grafen von Eguisheim errichtete Türme.

Husseren-les-Châteaux und der Nachbarort Voegtlinshoffen waren früher die Stiefkinder des Elsaß. Als die Einwohner von Husseren im 14. Jahrhundert die Freiheit erlangten, besaßen sie nicht genügend Land, um Wein anzubauen. Doch die Wälder waren voller Beeren, und so lebte das Dorf jahrhundertelang von der Schnapsbrennerei.

Heute sieht es ganz anders aus. Husseren ist umgeben von Wein, der auf den Süd- und Westhängen prächtig gedeiht.

HUSSEREN-LES-CHATEAUX

HOTEL/RESTAURANT

Husseren-les-Châteaux
Tel. 89 49 22 93
Ruhige Lage oberhalb des Ortes. Modernes Hotel mit 38 komfortablen Appartements mit Wohnzimmer, Schlafzimmern und Bad; Swimmingpool im Haus, Kinderspielzimmer, Tennisplatz und weitere Einrichtungen. Fabelhafte Küche, u.a. eine himmlische *terrine de foie de canard* und andere klassische Gerichte. Die Weinkarte umfaßt viele Erzeugnisse des Ortes.
Zimmer ab 500 FF.
Menü ab 135 FF.

VERANSTALTUNG

Fête des Guinguettes d'Europe – 1. Sonntag nach dem 14. Juli.

REISETIP

Tours d'Eguisheim – 3 Wehrtürme, Relikte einer Burg aus dem 11. bis 13. Jahrhundert. Herrlicher Rundblick.

Oben: *Husseren-les-Châteaux rühmt sich einiger Spitzenerzeuger der Region, die eine bemerkenswerte Anzahl ausgezeichneter Weine hervorbringen.*

Rechts oben: *Die etwa 20 Weinerzeuger des kleinen Dorfes sind unschwer zu finden.*

Rechts: *Von dem höchstgelegenen Elsaßdorf Husseren-les-Châteaux hat man einen phantastischen Panoramablick.*

Neben etwa 20 anderen Erzeugern ist hier auch Kuentz-Bas, einer der Kellerkönige der Region, ansässig. Er und seine Kollegen sind leicht zu finden, denn der Ort ist klein, und die meisten machen zudem durch ein Schild an der Fassade auf sich aufmerksam.

Zwar hat das Dorf keinen eigenen Grand cru, die Sandstein- und Granitböden aber liefern lebendige, markante Weine. Mehrere Erzeuger sind auch an den Grands crus von Eguisheim beteiligt. Lassen Sie sich den Riesling Réserve Personnelle von Kuentz-Bas nicht entgehen. Der Wein ist ein brillantes Beispiel eines intensiven und schon in der Jugend zugänglichen Rieslings.

Am Wochenende nach dem 14. Juli erwacht Husseren so richtig zum Leben. Aus ganz Europa strömen Besucher herbei, um bei Wein, Essen, Tanz und Gesang die Fête des Guinguettes d'Europe zu feiern.

EMPFOHLENE ERZEUGER

Alphonse Kuentz
Beachtenswert insbesondere der Riesling und Gewürztraminer vom Grand cru Pfersigberg.

Kuentz-Bas
Einer der Topwinzer der Region mit herrlichen, ausgewogenen Weinen. Im Besitz von 12 ha Rebflächen, davon 8 in Eguisheim, der Rest in Husseren und Obermorschwihr; weitere Trauben werden hinzugekauft. Vor allem die Rieslinge sind brillant: der Riesling Réserve Personnelle (Réserve personnelle bedeutet, daß die Weine von eigenen Trauben stammen) hat Rasse und Charakter und kann dennoch jung getrunken werden. Dagegen müssen die Gewächse von den Grands crus Eichberg und Pfersigberg einige Jahre altern. Pinot blanc, Muskat, Tokay-Pinot gris, Pinot noir Réserve Personnelle, Gewürztraminer Eichberg und Pfersigberg, schäumender Brut de Chardonnay und die Cuvées besitzen alle Klasse und einen unverwechselbaren Stil.

Edouard Leibner
Bekannt für die Qualität seines Tokay-Pinot gris; außerdem guter Pinot blanc und Gewürztraminer.

François Lichtlé
Kleines Unternehmen, sehr bekannt für seinen Crémant; kosten Sie auch den nervigen, intensiven Gewürztraminer.

André Scherer
Familienbetrieb mit gutem Muscat Cuvée Jean Baptiste sowie Riesling und Gewürztraminer Eichberg.

Gérard Schueller
Eindrucksvoller Riesling und charakteristischer Tokay-Pinot gris.

Fernand Stentz
Eigenwillige Stilrichtung. Kosten Sie die Rieslinge Cuvée des Buis und Pfersigberg, den Pinot blanc und den in Eiche ausgebauten Pinot noir.

Oben: *Die Höhenlage der Weinberge von Voegtlinshoffen gewährt Schutz vor Frühlingsfrösten.*

Rechts: *Bei diesen Torwächtern gibt es keinen Zweifel mehr über die Art des Geschäftes.*

VOEGTLINSHOFFEN

Den Einwohnern von Voegtlinshoffen ging es noch schlechter als ihren Nachbarn. Erst 1887 erhielten sie eigenes Land für den Weinanbau. Sie hatten hauptsächlich von der Arbeit in den umgebenden Steinbrüchen gelebt, bis ihr Dorf 1636 im Dreißigjährigen Krieg überrannt und zerstört wurde. Alle Bewohner flohen und kehrten erst 14 Jahre später zurück, um ihr Dorf wiederaufzubauen.

Auf dem Weg nach Voegtlinshoffen windet sich die Route du Vin gemächlich durch die Hügel. Obwohl nicht so alt wie viele ihrer Elsässer Gegenstücke ist die hiesige Kirche doch einen Besuch wert. Sie ist, wie ihre Vorgängerin, nach dem heiligen Nikolaus benannt. Innen reich verziert, zeigt sie einige schöne Altäre von 1704. Natürlich findet auch das jährliche Dorffest am 6. Dezember, dem Nikolaustag, statt; und viele Kinder lassen ihre Schuhe und Strümpfe draußen, damit der Heilige sie mit Süßigkeiten füllen kann.

Trotz seines önologischen Spätstarts kann Voegtlinshoffen mit der übrigen Region inzwischen gut mithalten und ist heute für seinen Muskat berühmt. An beinahe jedem Haus entlang der schmalen Hauptstraße weisen Schilder oder Tafeln auf die Keller bestimmter Winzer hin, bei denen man Weine kaufen oder auch kosten kann. Halten Sie Ausschau nach Namen wie Joseph Cattin, der auch beachtenswerte Gewürztraminer und Tokay-Pinot gris herstellt.

Unter den Zuwanderern nach dem Dreißigjährigen Krieg waren auch viele Schweizer. Ihre Nachkommen leben noch heute hier, wie etwa die beiden Familien Cattin (sowohl Joseph als auch Théo), die zwei Weinfirmen ihr eigen nennen. Die Gewächse aus Voegtlinshoffen verdanken ihr Ansehen nicht zuletzt dem herrlichen Grand cru Hatschbourg, dessen Kalksteinboden die begehrten ausgereiften Gewürztraminer und Pinot-gris-Weine mit ihrem dichten Gefüge hervorbringt. (Das Dorf teilt sich die Lage mit dem benachbarten Hattstatt.)

Ganz in der Nähe von Voegtlinshoffen liegt an der D1 das kleine Obermorschwihr. Es hat eine alte Kirche mit einer Statue der Jungfrau Maria und einen schönen Brunnen auf dem Hauptplatz. Die Weinberge in seiner Umgebung gehören zu den Nachbargemeinden. Ein Name, den man sich hier merken sollte, ist Stempfel.

VOEGTLINSHOFFEN

EMPFOHLENE ERZEUGER

Joseph Cattin & Fils
Spezialitäten, die Sie probieren sollten, sind der Muskat, Riesling, Tokay-Pinot gris, Gewürztraminer Hatschbourg und Crémant.

Théo Cattin & Fils
Geschmeidige und weiche, aber gut strukturierte Weine. Die Spitzengewächse ohne Herkunftsbezeichnung sind als Cuvée de L'Ours Noir deklariert. Kostenswert der volle, frische Muskat sowie Pinot blanc. Außerdem einige Grands crus, namentlich Muskat und Tokay-Pinot gris Hatschbourg und Gewürztraminer Bollenberg.

André Hartmann & Fils
Schöne Weine, vor allem jene namens Armoirie. Kosten Sie den Riesling, Muskat, Tokay-Pinot gris Goldert und Gewürztraminer Hatschbourg.

Gérard et Serge Hartmann
Köstlicher Muskat. Guter Tokay-Pinot gris und Gewürztraminer vom Grand cru Hatschbourg.

Denis Meyer/Domaine Kehren
Alteingesessenes Familienunternehmen. Besonders lecker der Riesling Réserve Saint-Ulrich, Tokay-Pinot gris Cuvée Fernand und Gewürztraminer Hatschbourg.

GUEBERSCHWIHR

HOTEL/RESTAURANT

Le Relais du Vignoble
Tel. 89 49 22 22
Über 30 hübsche und sehr komfortable Zimmer, im 1. Stock mit Balkon. Das Restaurant La Belle-Vue bietet hauptsächlich regionale Spezialitäten an; die hausgemachte *foie gras* wird oft mit einer *sélection des grains nobles* von der Domaine Scherb, dem hoteleigenen Weingut, serviert.
Zimmer 250 - 300 FF. Menü ab 100 FF.

VERANSTALTUNG

Fête de l'Amitié – 3. Augustsonntag.

EMPFOHLENE ERZEUGER

Ernest Burn
Besitzer des 5-ha-Clos St-Imer auf dem Grand cru Goldert, wo erhabene Gewächse von Muskat, Riesling, Tokay-Pinot gris und Gewürztraminer reifen.

Lucien Gantzer
Kleiner, namhafter Erzeuger, der seinen einen Hektar auf dem Goldert mit Muskat, Riesling und Gewürztraminer bestockt hat. Alle versuchenswert.

Bernard Humbrecht
Exzellenter Riesling sowie Gewürztraminer Goldert.

Marcel Humbrecht
Ebenfalls ein kleiner Erzeuger mit deliziösem Riesling ohne Herkunftsbezeichnung wie auch guten Tropfen vom Goldert.

Louis Scherb & Fils
Auf dem Goldert baut der Kleinwinzer hervorragenden Muskat, Riesling und Gewürztraminer an.

Oben: *In den Kellern unter dem Ort entwickeln die Grand-cru-Weine von Gueberschwihr kräftige Farben und ein volles, sprühendes Aroma.*

Großes Bild: *Die im Jahr 728 erstmals erwähnte Ortschaft wird von ihrem eindrucksvollen romanischen Glockenturm beherrscht.*

GUEBERSCHWIHR

Man kann den Ort auf der D1 über Hattstatt erreichen. Reizvoller aber ist es, eine der hübschesten – und kleinsten – Landstraßen des Elsaß zu nehmen. Dabei eröffnen sich herrliche Ausblicke auf die Grands crus Hatschbourg und Goldert, bevor man zu dem inmitten von Rebflächen und Wäldern gelegenen Dorf Gueberschwihr hinabfährt.

Dort angekommen, findet man sich in einem Idyll von typisch elsässischem Charme wieder. Die meisten Gebäude stammen aus dem 16. Jahrhundert, die drei Tore aber sind Überreste früherer Befestigungen. Mit ihren Fachwerk- und Renaissancehäusern bieten die engen Gassen im Zentrum einen malerischen Anblick. Die neuromantische Kirche auf dem Hauptplatz wird überragt von einem prachtvollen romanischen Turm. Gueberschwihr war schon im 16. Jahr-

hundert ein blühender Winzerort. Der Grand cru Goldert auf der Nordseite des Ortes erhielt seinen Namen wegen des Goldtons der hier erzeugten Weine, vor allem gehaltvolle Gewürztraminer und aromatische Muskats. Wieder sollte man nach Produkten der Domaine Zind-Humbrecht Ausschau halten, ebenso aber nach denen Ernst Burns. Er ist Alleinbesitzer des Clos Saint-Imer auf dem Goldert und baut manchen vorzüglichen Muskat, Riesling und Gewürztraminer an. Am und um den Hauptplatz haben einige lokale Erzeuger ihre Keller und Probierstuben. Wenn am letzten Augustsonntag die Fête de l'Amitié gefeiert wird, sind alle Keller geöffnet. Die Einheimischen ziehen ihre Trachten an, der Wein fließt in Strömen, und überall herrscht gute Laune.

Unten: *Alte Fachwerkhäuser werden liebevoll erhalten, sie erfüllen ihre Aufgabe noch genau so wie zu der Zeit, als sie erbaut wurden.*

Rechts und rechts unten: Blickpunkte aus Pfaffenheim – der Weinbau ist aus diesem Dorf nicht mehr wegzudenken.

PFAFFENHEIM

RESTAURANT

Au Petit Pfaffenheim
Tel. 89 49 62 06
Hervorragende Adresse. Großzügiger Speiseraum, heitere Atmosphäre und angemessene Preise für Elsässer Spezialitäten, u.a. *schiffala* (geräuchertes Schweinefleisch) mit Salaten und *choucroute* sowie Wildgerichte. Auch einige Zimmer. Menü um 100 FF.

VERANSTALTUNG

Fête des Caves – 2. Juliwochenende.

EMPFOHLENE ERZEUGER

CV Pfaffenheim
Heute eine der besten Genossenschaften des Elsaß. Über die Hälfte der Mitglieder sind aus Pfaffenheim, viele andere aus Gueberschwihr. Die Palette vorzüglicher Weine umfaßt Edelzwicker, Pinot blanc Schneckenberg, Muskat (Cuvée Diane, Goldert), Tokay-Pinot gris (Cuvée Rabelais, Goldert und Steinert), Riesling Goldert, Gewürztraminer (Goldert und Steinert) und Crémants.

Pierre Frick
Auf seinen Rebflächen in Pfaffenheim, Rouffach, Westhalten und Eguisheim betreibt Frick biologischen Weinbau. Seine Tropfen, besonders die vom *lieu-dit* Rot-Murlé, bestechen durch Reinheit und Charme. Empfohlen seien Pinot blanc, Klevner, Riesling (ohne Angabe, Iris und Steinert), Muskat, Tokay-Pinot gris und Gewürztraminer (ohne Angabe und Steinert).

PFAFFENHEIM

Anstatt die vielbefahrene Route nationale N83 zu benutzen, kann man auch über die gewundenen, kleinen Straßen durch die Weinberge zum südlich gelegenen Pfaffenheim gelangen. Die Straße führt zum Place de la Mairie mit der Kirche St-Martin, von wo man einen schönen Blick über die umliegenden Weinberge hat.

An der Außenwand der Kirche bemerkt man seltsame Riefen. Sie sind das Werk der Winzer, die ihre Hippen gegen das Gemäuer schlugen, um den Teufel aus ihnen auszutreiben. Dieser recht profane Hintergrund für die geheimnisvollen Runen im Mauerwerk der Kirche läßt sich historisch nachweisen. Mittelalterliche Volksmärchen dagegen, die gerade in dieser Gegend reiche Blüten getrieben haben, versuchen die Mauerschäden weitaus mysteriöseren Ursachen zuzuschreiben. Mit der Realität dürfte das freilich wenig zu tun haben.

Auffallend ist auch, daß mehrere der gewundenen Straßen in dem friedlichen Ort nach Rebsorten benannt sind; zu sehen gibt es weiterhin alte Zisternen und vier Springbrunnen. Am winzigen Place Notre-Dame befindet sich der Eingang zum Caveau Saint-Michel. Der Weinkeller verschwindet beinahe hinter blühenden Pflanzen, Efeu, bemalten

Figuren und einem aufwendig gestalteten, schmiedeeisernen Schild über der Tür.

Pfaffenheim ist seit langem für die Qualität seiner fetten Pinot-blanc-Weine bekannt, die vor allem vom Schneckenberg stammen. Doch auch die Tokay-Pinot gris vom ortseigenen Grand cru Steinert und die Crémants machen zunehmend von sich reden. Es gibt einige hervorragende Erzeuger hier, etwa die Domaine Rieflé und die Cave Vinicole de Pfaffenheim. Die Genossenschaft produziert eine ansprechende Palette prämiierter Tropfen, einige davon auf den Grands crus Goldert und Steinert. Ein schöner *sentier viticole* führt durch den Steinert und um den Ort. Jedes Jahr im Juli findet die Fête des Caves statt, bei der auch Fremde herzlich willkommen sind.

Oben: *Die für das Elsaß typische, schöne Fachwerkarbeit kann man auch in Pfaffenheim bewundern.*

Joseph Rieflé & Fils
Der Besitzer von 20 ha in 4 Orten der Umgebung ist bereits für seinen Tokay-Pinot gris bekannt und macht sich jetzt mit seinem Gewürztraminer einen Namen. Außerdem Pinot blanc, Muskat, Riesling Gaentzbrunnen und Crémant.

François Runner
Ansprechender Pinot noir, aromatischer Riesling und Gewürztraminer.

ROUFFACH

Am unteren Ende des Haut-Rhin klammern sich die Ortschaften an die Hänge über der N83. Nur selten muß man auf diese verkehrsreiche Straße hinunter, denn die Ortschaften haben ihre eigenen Verbindungen. Von Pfaffenheim nach Rouffach ist es ein kurzer Weg über schmale Straßen durch die Weinberge. Man passiert das elegante Château d'Isenbourg am Rand Rouffachs, heute ein luxuriöses Hotel. Es hat selbst Weinberge und – nicht überraschend – einen Wein unter eigenem Etikett, der von Dopff et Irion gemacht wird.

Im Mittelalter war Rouffach ein blühendes Städtchen. Bei einem Besuch des Place de la République und einem Streifzug durch das Vieux Quartier um die Rue de la Potérie begegnet man den stolzen Relikten der Vergangenheit:

Rechts: *Der prächtige, abgestufte Giebel des früheren Kornhauses.*

Unten: *Die Beschaulichkeit des Vieux Quartier hinter dem alten Dorfplatz.*

ein zauberhafter (und trotzdem nicht zu langer) Spaziergang, vor allem, wenn man die alte Stadtbefestigung mit einbezieht.

Innerhalb des doppelten Mauerrings erhebt sich am Place de la République die grandiose Kirche Notre-Dame de l'Assomption. Wie bei vielen Kirchen in diesem Gebiet erstreckte sich ihre Bauzeit vom 11. bis ins 19. Jahrhundert! Das Innere erstrahlt in farbigem Glanz, wenn die Sonne durch das herrliche Buntglasfenster scheint. Gegenüber der Kirche stehen am Place de la République das Kornhaus aus dem 15. Jahrhundert und das elegante Renaissancerathaus. Hinter dem Platz liegt das Vieux Quartier, beherrscht vom krenelierten Hexenturm, auf dem heute ein Storchenpaar nistet.

Zu der Kapelle Schauenberg in den Hügeln oberhalb der Stadt führt eine Straße durch Weinberge und Wälder.

Oben: *Ein Winzer, gefangen in seinen Reben.*

ROUFFACH

HOTELS

Château d'Isenbourg
Tel. 89 49 63 53
Luxushotel im Besitz der Gruppe Relais et Châteaux, in einem eleganten Landhaus des 19. Jahrhunderts. Im Gewölbekeller ein erstklassiges Restaurant. Privatpark und Swimming-pool. Zimmer ab 650 FF. Menü ab 280 FF.

A la Ville de Lyon
Tel. 89 49 65 51
Über 40 gepflegte Zimmer. Große *brasserie* und stilvoll eingerichtetes Restaurant mit angenehmer Bedienung. Äußerst fähige und begabte Köche. Zimmer 350 - 450 FF. Menü ab 125 FF.

Von oben schweift der Blick hinunter nach Rouffach und weiter über die 450 Hektar Rebhänge hinter der Stadt. Dort liegt auch der vorwiegend südlich ausgerichtete Grand cru Vorbourg. Er ist mit den vier weißen Edeltrauben und Pinot noir bestockt, dem das warme Klima gut bekommt. Zum Vorbourg gehört der Clos Saint-Landelin, den Einheimischen zufolge nach einem irischen Mönch aus dem 4. Jahrhundert benannt und im Besitz des besten örtlichen Erzeugers, Muré. Die hier angebauten Weine sind ganz ausgezeichnet.

In Rouffach gibt es auch ein Lycée Agricole et Viticole. Weine wie der Riesling und Gewürztraminer Vorbourg bestätigen den hohen Qualitätsanspruch dieser Lehranstalt, die sich mittlerweile einen guten Ruf erworben hat.

REISETIPS

Golfplatz

Kapelle Notre-Dame du Schauenberg – Wallfahrtskapelle auf dem Hügel über der Stadt mit herrlichem Panorama.

EMPFOHLENE ERZEUGER

Bruno Hunold
Einer von wenigen unabhängigen Winzern des Ortes. Probieren Sie seinen feinen Riesling und den köstlichen Gewürztraminer Vorbourg.

Muré
Besitzer des 16 ha großen, terrassierten Clos Saint-Landelin auf dem Grand cru Vorbourg, dessen alte Rebstöcke herausragende Weine in kleinen Mengen liefern: Muskat, Riesling, Tokay-Pinot gris, Gewürztraminer und in Eiche ausgebauter Pinot noir überflügeln sich gegenseitig. Beachtenswert auch der wundervolle Muscat Vendange Tardive. Außerdem exzellente Tropfen ohne Herkunftsbezeichnung und erstklassige Crémants. Für Kostproben stehen schöne Degustationsräume zur Verfügung.

Links: *Die Ansichtskartenschönheit der engen Elsässer Dorfstraßen.*

Unten: *In der Stadt findet man viele hübsche Renaissancegebäude, darunter auch die unglaublich schöne Kirche Notre-Dame de l'Assomption.*

WESTHALTEN

Den nächsten Ort können Sie über den Strangenberg ansteuern, oder Sie fahren einfach die N83 hinunter, überqueren den Ohmbach und biegen dann scharf nach rechts auf die D18b. Folgen Sie dem Ohmbach durch das Vallée Noble bis nach Westhalten. Letzterer ist zweifellos der schönere Weg. Auf dieser Strecke können Sie die weinbedeckten Hänge des Bollenberg, Strangenberg und Zinnkoepflé, die den Ort umgeben, sowie die manchmal verschneiten Gipfel der Vogesen bewundern, die steil im Hintergrund aufragen. Bei klarem Wetter sieht man Le Grand Ballon, mit 1400 Metern der höchste Gipfel der Vogesen.

Westhalten wird erstmals 1101 erwähnt, als das Dorf noch «Westhaulda» hieß. Daß es aufgrund seiner geschützten Lage inmitten von Hügeln ein besonderes Mikroklima genießt, bekunden schon die immerhin 550 mediterranen Pflanzen, die hier entdeckt wurden, viele davon auf dem steilen Zinnkoepflé. Die einmalige Kombination aus trockener Wärme und Sandstein-Granit-Böden ist natürlich auch für Reben wie geschaffen.

Etwa 27 der über 60 Hektar des berühmten Grand cru Zinnkoepflé liegen in der Gemeinde Westhalten (der größte Anteil gehört zu Soultzmatt). Obwohl Pinot blanc und Tokay-Pinot gris allgemein als die besten Weine Westhaltens betrachtet werden, liefern die Südhänge spektakuläre kräftige, körperreiche Gewürztraminer sowie große alterungsfähige Rieslinge. Westhalten besitzt auch auf dem Bollenberg und Strangenberg Rebflächen. In dem Ort gibt es nur wenige Erzeuger, aber es lohnt, sie ausfindig zu machen. Die hiesige Genossenschaft, die Coopérative de Westhalten, die dem *négociant* Heim gehört und deren Mitglieder sich über drei Gemeinden verteilen, hat eine ziemlich aggressive, aber insgesamt positive Vermarktungsstrategie. Angesichts ihrer verkostenswerten, feinen Auxerrois und Sylvaner ist sie auch durchaus angebracht. Beide Erzeugnisse zeigen einen zurückhaltenden, doch deutlichen rauchig-lebendigen Charakter, ein Ergebnis des hiesigen *terroir*. Von Juli bis September organisiert man einmal wöchentlich einen *sentier vinicole* mit anschließender Weinprobe.

Die Hauptstraße von Westhalten führt zum Rathaus, wo eine Zisterne und ein Springbrunnen aus dem 16. bzw. 17. Jahrhundert stehen. Nach rechts öffnet sich der Blick zum Zinnkoepflé, vorbei am schönsten Haus der Ortes mit einem aus Stein gemauerten Erkerfenster und der neoklassizistischen Kirche St-Blaise.

Oben: *Solche massiven Fensterrahmen aus Eiche können Jahrhunderte überdauern.*

Links: *Anders als die meisten Weindörfer, die am Ende eines Tales liegen, ist Westhalten von drei rebenbedeckten Hügeln umgeben: Bollenberg, Strangenberg und Zinnkoepflé.*

WESTHALTEN

HOTEL

Domaine du Bollenberg

Tel. 89 49 62 47

Ruhige Lage auf dem Bollenberg. Angenehme, funktional eingerichtete Zimmer. Das Restaurant im Landhausstil, Au Vieux Pressoir, bietet gute regionale Gerichte, hoteleigene Weine (Clos Sainte-Apolline) und Schnäpse. Zimmer ab 300 FF. Menü abends ab 200 FF, wochentags preiswerteres Mittagsmenü.

RESTAURANT

Au Cheval Blanc

Tel. 89 47 01 16

Sehr gastliche Atmosphäre. Im gemütlichen Speiseraum duftet es köstlich nach Essen, das hier aus marktfrischen Erzeugnissen zubereitet wird – ein Augen- und Gaumenschmaus zugleich. Auf der Weinkarte u.a. hauseigene Weine. Etwa 10 angenehme Zimmer.

REISETIP

Sentier viticole – geführte Spaziergänge mit anschließender Weinprobe einmal pro Woche von Juli bis September.

EMPFOHLENE ERZEUGER

CV Westhalten
Auswahl guter Weine: Frische Tropfen von reinem Geschmack. Exzellenter Pinot blanc (ohne Angabe und Clos du Strangenberg), Riesling (diverse Cuvées, u.a. Les Eglantiers), Muskat, Gewürztraminer Zinnkoepflé und Crémants.

Diringer
Weingut im Familienbesitz mit hervorragendem Riesling und Gewürztraminer vom Zinnkoepflé.

A. Wischlen
Guter Riesling, Tokay-Pinot gris Zinnkoepflé und Gewürztraminer Zinnkoepflé.

SOULTZMATT

HOTEL

A la Vallée Noble
Tel. 89 47 65 65
Neueres Hotel im Chalet-Stil, etwa 1 km außerhalb des Ortes. Gut ausgestattete Zimmer mit Balkon. Swimmingpool, Sauna und Fitneßraum. Auch ein Restaurant. Zimmer um 300 FF.

Oben: *Das elegante Wappen des Château schmückt seine Weinetiketten.*

RESTAURANT

Klein
Tel. 89 47 00 10
Heimeliger Dorfgasthof mit Speiseräumen beidseits des Eingangs. Umfassende Weinkarte und gute Auswahl an klassischen Gerichten, die ansprechend präsentiert werden. 7 Zimmer. Menü ab 100 FF.

REISETIP

Geführte Weinbergspaziergänge mit anschließender Degustation – jeden Samstag im Juli und August.

SOULTZMATT

Um den einige Kilometer talaufwärts gelegenen Ort zu erreichen, folgen Sie der D18b. Dabei fahren Sie an der lokalen Genossenschaft und am Fuß des Zinnkoepflé vorbei (Soultzmatt teilt sich den Weinberg mit Westhalten, besitzt aber den größeren Anteil).

Der Ort liegt ausgesprochen hübsch inmitten von Hügeln am Ufer des Ohmbach und bietet herrliche Spaziergänge zwischen dem Fluß und den Häuserreihen aus dem 16. und 17. Jahrhundert. Zu besichtigen gibt es das Château Wagenbourg mit einem Garten im französischen Stil, das alte und neue Rathaus, Seite an Seite auf dem Hauptplatz, und die Kirche St-Sébastien mit ihrem romanischen Uhrturm. Im Sommer finden geführte Spaziergänge entlang dem *sentier viticole* statt, die mit einer Weinprobe ausklingen.

Unweit des Ortes finden sich die Reste einer römischen Siedlung. Vielleicht kamen die Römer wegen der Quellen hierher. Noch heute bezieht Soultzmatt einen wesentlichen Teil seiner Einnahmen aus dem Verkauf des Mineralwassers.

Im Zinnkoepflé regiert der Gewürztraminer, aber ebenso gibt es guten, frischen Pinot blanc, der sich zu einem Teller *choucroute* ganz ausgezeichnet trinkt.

Oben: *Eine verführerische Auswahl von* charcuterie.

Links: *Hölzerne* bennes *für den Transport der Trauben vom Weinberg trocknen auf dem Kopfsteinpflaster eines Hofs.*

EMPFOHLENE ERZEUGER

Léon Boesch & Fils
Das Familienunternehmen macht eine Reihe feiner Weine, die man kennenlernen sollte: Crémant, Muskat, Riesling Vallée Noble, Tokay-Pinot gris und Gewürztraminer Zinnkoepflé.

Seppi Landmann
Seine 5 ha in Soultzmatt und Westhalten schließen 2 ha auf dem Grand cru Zinnkoepflé ein. Probierenswert unter seinen lebendigen, charaktervollen Weinen der Sylvaner und ein köstlicher Crémant (ideal als Aperitif). Reiche, aber trockene Gewächse vom Grand cru: Riesling und Gewürztraminer Zinnkoepflé sind unbedingt einen Versuch wert.

Château Wagenbourg
Angenehme, süffige Weine – kostenswert der Pinot blanc, Riesling und Gewürztraminer. Degustationsraum im Anbau neben der Burg.

ORSCHWIHR

RESTAURANT

Caveau d'Orschwihr
Tel. 89 76 90 31
Gutbürgerlicher Mittagstisch, moderate Preise und freundliche Atmosphäre. Menüs von 60 - 200 FF.

EMPFOHLENE ERZEUGER

Lucien Albrecht
Reine und ausgewogene Weine von den eigenen 26 ha sowie zugekauften Trauben: Riesling Pfingstberg und guter Tokay-Pinot gris.

François Braun et Fils
Feiner Riesling Bollenberg.

Materne Haegelin
Lohnt einen Besuch wegen des reichen, langlebigen Tokay-Pinot gris Cuvée Elise.

Raymond Rabold & Fils
Kleiner Erzeuger mit Besitz auf dem Pfingstberg. Kostenswert seine Rieslinge, ob einfach oder Grand cru.

Vignobles Reinhart
Delikater Riesling Bollenberg, reicher Tokay-Pinot gris Cuvée Charlotte.

Valentin Zusslin
Aromatischer Muscat Cuvée Maxie, erstklassiger Tokay-Pinot gris Cuvée Jean-Paul.

BERGHOLTZ

VERANSTALTUNG

Erntefest – 1. Oktoberwochenende.

EMPFOHLENER ERZEUGER

Jean-Pierre Dirler
Kleiner Erzeuger mit 7 ha, darunter Anteile an 3 Grands crus. Bemerkenswerte Weine: Sylvaner Vieilles Vignes, Muscat Saering, feinste Riesling Grands crus.

ORSCHWIHR

Die aufgeteilten Weinberge setzen sich fort. Das zwei bis drei Kilometer südlich von Soultzmatt an der D5 gelegene Orschwihr besitzt einen Großteil der sonnigsten Bereiche des Bollenbergs. Wie so viele elsässische Orte kann Orschwihr auf eine lange Geschichte zurückblicken, die zumindest bis ins 8. Jahrhundert belegt ist. Teile eines Walls, eine Brücke über einen ausgetrockneten Graben und die Keller sind alles, was vom Château d'Orschwihr, im 11. Jahrhundert erbaut und einst Domizil von Papst Leo IX. (siehe Eguisheim), übrig ist. Heute werden die Keller von einem Weinerzeuger genutzt, wie überhaupt viele der Renaissancehäuser im Ort mittlerweile in Winzerhand sind.

Orschwihr ist ein größerer Ort mit einer ganzen Reihe von Produzenten. Es gibt viele ausgezeichnete Tropfen zu probieren – reichen Gewürztraminer, delikaten Tokay-Pinot gris, eleganten Riesling und aromatischen Muskat. Bollenberg, Grand cru Pfingstberg und der *lieu-dit* Lippelsberg sind Namen, auf die man achten sollte. Der Lippelsberg, schon vor 400 Jahren in den Archiven erwähnt, ist eine der feinsten Lagen von Orschwihr, obwohl er keinen Grand-cru-Status besitzt.

Jedes Jahr wird Mitte August auf dem Bollenberg das «Hexafir» angezündet, dessen hoch auflodernde Flammen vor Beginn der Lese die Hexen und bösen Geister vertreiben sollen. Mitten durch die Reben führt ein Weg zu einer kleinen Kapelle oben auf dem Bollenberg. Von hier hat man eine wunderschöne Aussicht in alle Richtungen.

BERGHOLTZ

Auf der D5 gelangt man von Orschwihr durch das winzige Bergholtz-Zell nach Bergholtz am Eingang des Weiss-Tals. Hinter dem Ort erhebt sich der Grand cru Spiegel. Sein südlichster Bereich gehört zum Ort, der Rest liegt im Bezirk Guebwiller. In Bergholtz sollte man Jean-Pierre Dirler aufsuchen, dessen Riesling vom Spiegel das ganze hiesige Potential dieser Rebsorte zeigt. Dirler besitzt auch Land auf dem Kessler, einem zweiten Grand cru im nächsten – und letzten – größeren Weinort auf der Route du Vin, Guebwiller.

Links: *Den Storch, fast ein Symbol des Elsaß, findet man auf den Dachgiebeln ebenso wie auf den Weinetiketten.*

Rechts: *Das Sonnenlicht fällt durch die Bäume auf einen Waldweg.*

Oben: *Zu den architektonischen Sehenswürdigkeiten in Guebwiller zählt auch das Musée du Florival (Place Jeanne d'Arc).*

GUEBWILLER

RESTAURANT

La Taverne du Vigneron
Tel. 89 76 81 89
Winstub mit gutem Essen zu günstigen Preisen. Menü ab 100 FF.

VERANSTALTUNG

Weinmesse – Anfang Mai.

REISETIP

Musée du Florival – Keramik, mittelalterliche Kunst, lokale und regionale Geschichte und Folklore.

EMPFOHLENER ERZEUGER

Domaine Schlumberger
Größtes unabhängiges und sehr bedeutendes Weingut des Elsaß. Von den 140 ha Rebflächen liegen fast 120 ha auf steilen, terrassierten Hängen oberhalb Guebwillers, bestockt mit Riesling und Gewürztraminer. Rebflächen auch in Rouffach und Bergholtz. Schlumberger ist bekannt für seine reichen, runden und kraftvollen Weine. Zum Gewürztraminer, der den Ruf begründete, kamen Tokay-Pinot gris und Rieslinge (trocken ausgebaut und Spätlesen) von den Grands crus Kessler, Kitterlé und Saering sowie spezielle Cuvées hinzu. Außerdem Edelzwicker Schlumberger Réserve, Sylvaner, Pinot blanc Princes Abbés und Muskat.

GUEBWILLER

Die blühende, stark von Industrie beherrschte Stadt verdankt ihren Erfolg zum Großteil den Schlumbergers. Die Textilfabriken gehören dieser Familie ebenso wie über drei Viertel der Weinberge. Mit 140 Hektar Rebflächen ist die Domaine Schlumberger der größte eigenständige Weinerzeuger im Elsaß. Die meisten ihrer Reben stehen auf dem steilen, terrassierten Kitterlé hoch über der Stadt. Der Grand cru mit vorherrschendem Sand- und etwas Kalksteinboden ist berühmt für seine reichen, üppigen Gewürztraminer, Rieslinge und Gewächse von Pinot gris.

Guebwiller kann sich auch der meisten Grands crus im Elsaß rühmen: Kitterlé (der beste der vier), Kessler, Saering und Spiegel. Daneben verfügt es über mehrere andere ausgezeichnete Lagen. Alle vier Edeltrauben gedeihen hier außerordentlich gut.

Die Stadt selbst ist bei weitem nicht so ansprechend wie ihre Weine oder Weinberge, hat aber einige sehenswerte alte Gebäude, etwa das im 16. Jahrhundert von einem Stoffabrikanten erbaute Rathaus, die Kirche Notre-Dame und die romanische Kirche St-Léger. In ihrem rechten Seitenschiff lehnen am Bogen einige Holzleitern. Sie wurden von den Armagnaken am 14. Februar 1445 bei einem mißglückten Überraschungsangriff auf die Stadt zurückgelassen. In Erinnerung daran findet hier jedes Jahr am Valentinstag ein besonderer Gottesdienst statt.

Sie können auch im Parc de la Marseillaise ein Picknick machen oder das Musée de Florival mit seinen ständigen Ausstellungen über Keramik, Lokalgeschichte und -folklore sowie mittelalterliche Kunst besuchen. «Florival» ist der Name eines hinter Guebwiller aufsteigenden Tals, das einen schönen Spaziergang zwischen Blumen und Pflanzen entlang der Lauch verspricht.

Oben: *Fahnen am Rathaus von Guebwiller, das im 18. Jahrhundert erbaut wurde.*

Links: *In Guebwiller werden mehr Grands crus erzeugt als in irgendeinem anderen elsässischen Ort. Die Sandlage Kitterlé ist berühmt für ihre vollen und üppigen Weine – Riesling, Pinot gris und Gewürztraminer.*

SOULTZ

REISETIP

Eco-Musée d'Alsace, *Ungersheim* – faszinierendes Freilichtmuseum mit alten elsässischen Häusern.

EMPFOHLENER ERZEUGER

Raymond Schmitt
Kleiner Winzer mit Anteilen am Grand cru Ollwiller. Sehr erfolgreicher Riesling und Gewürztraminer.

SOULTZ

Fährt man nun nach Osten und dann die D5 hinunter, wird die Landschaft flacher, und die Reben verschwinden. Neben einer Genossenschaft gibt es zwischen Guebwiller und Thann, dem 20 Kilometer entfernten Endpunkt der Route du Vin, nur wenige Erzeuger. Unterwegs können Sie in Soultz anhalten, dessen Salzquelle ihm seinen Namen einbrachte, oder in Richtung Rheinebene nach Ungersheim fahren. Dort hat man im Eco-Musée d'Alsace, einem Freilichtmuseum, ein traditionelles Dorf aus dem Haut-Rhin mit einigen Dutzend Fachwerkbauernhäusern nachgebildet.

Oben: *Das renommierte Hotel Moschenross in Thann.*

Rechts: *In Soultz-Haut-Rhin, das oft zur Unterscheidung von Soultz-les-Bains in der Nähe von Straßburg so bezeichnet wird, ist einem ein lukullischer Empfang sicher.*

WUENHEIM

EMPFOHLENE ERZEUGER

Château Ollwiller
Hochwertiger Riesling, Gewürztraminer und Pinot noir.

CV du Vieil-Armand
Teil der Eguisheimer Genossenschaft. Empfehlenswert der Riesling und Gewürztraminer Ollwiller sowie der Crémant.

WUENHEIM

Andernfalls geht es weiter nach Wuenheim, auf dessen Grand cru Ollwiller gute Rieslinge und Gewürztraminer heranreifen. Das Château Ollwiller und andere Erzeuger des Ortes lassen ihre Weine in der Genossenschaft Soultz-Wuenheim abfüllen. Von Wuenheim fahren Sie weiter nach Cernay und biegen nach rechts auf die D35, die Sie zurück zu den Vogesenausläufern und nach Thann bringt.

THANN

Das Zentrum der Stadt wird beherrscht vom prächtigen gotischen Münster St-Thiébaut, einem architektonischen Meisterwerk mit Skulpturen und herrlichen Buntglasfenstern. Wer gut zu Fuß ist, gelangt in 20 Minuten zu den Ruinen von Château d'Engelbourg auf einem Hügel im Norden der Stadt. Der umgestürzte Burgfried heißt im Volksmund «Hexenauge».

Die Hauptattraktion für Weinliebhaber ist sicherlich der extrem abschüssige, nach Süden weisende Grand cru Rangen mit einer winzigen weißgetünchten Kapelle inmitten der Reben. Einst reichte der Ruhm der Weine vom Rangen

Oben: *Die prachtvolle Kirche St-Maurice in Soultz.*

Rechts: *Mindestens seit dem 12. Jahrhundert ist Thann für seine an den Berghängen wachsenden Weine bekannt. Auf dem vulkanischen Boden der steilen Südlagen wachsen gehaltvolle Trauben, die meist einen alkoholschweren Wein ergeben.*

bis zum kaiserlichen Hof nach Österreich. Dazwischen aber lag der Weinberg weitgehend brach, bis Léonhard Humbrecht von der Domaine Zind-Humbrecht in den siebziger Jahren erneut Reben anpflanzte. Heute gehört der Grand cru zum größten Teil Zind-Humbrecht in Turckheim und Schoffit in Colmar.

Die Bemühungen dieser beiden Erzeuger haben bereits gefruchtet: Riesling, Pinot gris und Gewürztraminer erlangen auf dem vulkanischen Boden eine beeindruckende Reife, und der im Besitz von Humbrecht befindliche Clos Saint-Urbain auf dem Rangen ist für seinen hervorragenden Riesling weithin bekannt.

In Thann endet die Route du Vin. Allerdings sind die Wälder und Seen der Vogesen und die Bergdörfer mit ihrem eigenen Charme nicht fern. Einen vergnüglichen Weg, die Vogesen zu erkunden, bietet die Route des Crêtes. Sie beginnt in Uffholtz, nördlich von Cernay. Von dort führt die kurvenreiche D 431 hinein in die Berge zu einem Abenteuer ganz anderer Art.

THANN

HOTEL/RESTAURANT

Hôtel Moschenross
Tel. 89 37 00 86
Großes Restaurant mit schmackhaften lokalen Spezialitäten wie Schneckensalat mit Speck und *meurette de truite au Pinot noir*. Auch 25 Zimmer. Menü schon unter 100 FF.

REISETIP

Musée des Amis de Thann – Lokalgeschichte.

EMPFOHLENE ERZEUGER

Domaine Zind-Humbrecht
(*Turckheim*; siehe S. 99) und
Bernard Schoffit (*Colmar*)
Leónard Humbrecht erwarb als erster in den 70er Jahren Land auf dem Rangen, bald darauf folgte ihm Schoffit. Vor Jahren war der Grand cru Rangen für seinen Tokay-Pinot gris bekannt. Heute gewinnt er, vor allem durch die Arbeit von Zind-Humbrecht, sein altes Renommee wieder. Probieren Sie die exquisiten Gewächse von Tokay-Pinot gris, Riesling und Gewürztraminer, wenn Sie die Keller der beiden in Turckheim und Colmar besuchen.

Ortsverzeichnis

Index

Anmerkung: Die Namen der Lagen und Weine sind oft identisch und deshalb zusammen aufgeführt.
Bei Hotels und Restaurants werden die Orte in Klammern angegeben.
Die Winzergenossenschaften findet man unter ihrem (Orts-) Namen.

BILDNACHWEIS

Michael Busselle 120/121, 121 oben, 123, 127 unten, 128/129.

Jason Lowe 5 oben, 7, 17, 23 unten, 24/25 oben, 38, 40/41 unten, 44/45, 52, 54/55, 57, 64, 66/67, 68 oben links, 69 unten rechts, 70 unten, 74 oben, 76 unten, 77, 78/79, 79 unten rechts, 82 unten, 86 oben links, 86 oben rechts, 88/89, 91 rechts, 93 unten, 95, 96 links, 97 unten, 102 oben, 102 unten rechts, 104 unten, 107 oben, 109, 110/111, 112, 114, 118, 119, 120 links, 126/127, 128 links.

Reed International Books Ltd / Joe Cornish 3, 12 unten, 22/23, 28 unten, 65 oben, 75, 94, 98 unten.

Scope / Philippe Beuzen 43, **/ Jacques Guillard** 5 unten, 5 Mitte, 9 rechts, 11 unten, 13 unten, 14/15, 16, 18/19, 20/21, 24 oben links, 26/27, 31, 35, 36 unten, 39 oben, 39 unten links, 40 oben links, 44 unten, 45 unten, 47, 48 oben, 49, 50, 53, 55 unten, 56, 58/59, 60/61, 63, 65 unten, 66 links, 68/69, 68 unten links, 69 oben, 70 oben, 71 oben, 72 oben links, 74 Mitte, 74 unten, 76 oben, 82/83, 83 unten, 84/85, 87, 90/91, 93 oben, 99 unten, 101, 102 unten links, 103, 104 oben, 106 links, 106/107 unten, 108, 115, 116/117, 122, 125, **/ Michel Guillard** 25 unten, 36/37 oben, 37 unten, 37 oben rechts, 48 unten, 71 unten, 73 unten, 80, 81, 124, **/ Noel Hautemaniere** 29 unten links, 30 rechts, 40 oben rechts, 113, **/ Rosine Mazin** 8/9, 11 oben, 12/13 oben, 28 oben, 29 unten rechts, 29 Mitte rechts, 72/73 oben, 86 unten, 88 oben, 92, 96 rechts, 97 oben, 98/99 oben, 105, **/ Francois Nussbaumer** 30 links, 34, 46, 51, **/ Jacques Sierpinski** 31 oben, **/ VMF/Galeron** 39 unten rechts.